# 世界平和に貢献する韓日協力

## ―李洛淵の構想―

徳仁天皇の即位の礼で、ご挨拶。2019.10.

徳仁天皇の即位の礼に臨む。2019.10.

東方経済フォーラム記念国際ヨット競技大会の開幕式。
左から著者、安倍晋三日本総理、習近平中国主席。2018.9.

ウラジオストックで開かれた東方経済フォーラムで。
2018.9.

徳仁天皇の即位の礼に参加した際、安倍晋三総理と。
2019.10.

徳仁天皇の即位の礼に参加するために訪日した際、東京
新宿のコリアタウンにて。2019.10.

# 序章　日本の読者の皆さんへ

# はじめに

今年（2023年）5月、私は韓国で『大韓民国の生存戦略―李洛淵の構想』という本を刊行しました。

いかなる戦略をとれば韓国が世界で生き抜く国家となれるのか、生き抜くだけでなく世界に貢献し尊敬される国家となれるのかについて、私なりの考えを提示した本です。

その後まもなくして、日本の展望社から、日本語に訳して出版してみないかという提案がありました。

私はその提案に応じるべきかどうか、当初少し躊躇しました。

なぜなら、私が語る戦略はあくまで韓国国民に提起したものだったからです。韓国国民の一人ひとりが自国の生存戦略について真摯に考えるために、少しでも助けになることを願って書いたものです。

ですから、そうした目的で書いた本を、日本の皆様が果たして関心をもって読んでくれるかどうか、確信がもてなかったのです。

## 韓国と日本の生存戦略には接点がある

しかし、私は考え直しました。韓国と日本の生存戦略には接点があると思ったからです。

そうした私の判断は、私の本が韓国で刊行された本年の5月以降、国際情勢が目まぐるしく展開しているのを目の当たりにして、ますます強まりました。そして、私の本の日本語訳が日本で刊行されることも、それなりに意義があるのではないかと考えるようになったのです。

現在、韓国国民が自国の将来に対して抱く一番大きな関心は、どうすれば不平等がより少ない、平和で豊かな国家にするのかという点にあると私は考えます。

そしてそのことは、日本国民が日本の将来に対して抱く最大の関心事でもあると思うのです。

ここに私は、韓国と日本の生存戦略における最も基本的な共通点を見つけたのです。

私は、韓国の国民もそして日本の国民も、この共通した生存戦略に気づいて、今こそ真の友好的な協力関係を築く時だと考えました。

そのことについて、これから少しだけ私の考えを述べてみたいと思います。

韓国と日本の両国は、ユーラシアの東端に位置する最も近い隣国です。韓日両国は中国とロシアに接しています。さらに両国は、それぞれアメリカと同盟関係を維持しています。アメリカとの同盟関係は、韓国と日本の生存戦略にあって避けることができない共通した基本関係です。

朝鮮半島は1945年に第2次世界大戦が終わるとともに、日本の植民地から解放されました。

しかし同時に米ソの冷戦に巻きこまれ、1948年に大韓民国（韓国）と朝鮮民主主義人民共和国（北朝鮮）という二つの国家に分断しました。

その分断は、1950年6月25日、北朝鮮の侵略で始まる朝鮮戦争によって敵対的関係となり今日に至っています。

そして、1953年7月に停戦となり、韓国は米国と「韓米相互防衛条約」による軍事的同盟関係を結びます。それ以後、韓米同盟は安保だけでなく広範な分野で韓国の国家の基本政策となって作用しています
日本もまた、韓国とは異なる経緯で日米同盟を結びました。日本は第2次世界大戦で敗北した後、国際社会への復帰方法における一大論議を経て、1951年9月のサンフランシスコ講和条約締結によって西側の一員となり、同時に日米安保条約を締結して安保を米国に委ねました。

最初は片務的な同盟条約として出発した日米安保条約でしたが、その後の度重なる政策変更を経て、今や日本は米国の最も重要な同盟国の一つになっています。

こうして韓日両国は、共に米国との同盟を最重要視する国家です。米国との同盟は韓国においても日本においても「国是」の如く国家の基本となっています。そして米国との同盟は、今や韓米日三か国の連帯強化にまで発展するようになりました。

## 米国との同盟にどのように臨むかというもう一つの共通した生存戦略

米国との同盟は韓日両国の最も重要な共通した生存戦略です。それは韓国にも日本にも多く寄与しています。

しかし国際秩序の変化とともに、韓日両国と米国の同盟関係にも変化が生じています。

韓国も日本も自国の生存戦略にとって、米国との同盟関係をどのように両立させるのかを判断しなければならない時代になっています。

韓国の生存戦略にあって、北朝鮮との関係は最も重要な問題です。同じ民族であり、それどころか同じ家族であった人々が互いに離散し、敵対的に対峙しているのはどう考えても不自然です。お互いの利益にならないことは当然のことです。いますぐに南北の分断を解消することが困難だとしても、少なくとも平和的に共存する関係を定着させることが望ましく、そのための努力がなされてきました。

しかし韓国と北朝鮮の関係は、束の間の不完全な和解と、長く強固な対立の関係を反復しています。

韓国の歴代政権は、保守か進歩かによって、北朝鮮に対する態度を異にしてきました。

今の尹錫悦《ユンソンニョル》政権は北朝鮮に対して、きわめて強硬な態度を取っています。

現在、韓国と北朝鮮との関係は、対話の試みも兆しもなく、深刻な状態にあります。

北朝鮮は2017年「核武力完成」を宣言し、事実上の核保有国になりました。

1993年の1次北朝鮮核危機以来、米国は幾度にもわたり北朝鮮と非核化協議を繰り拡げ、合意に達したときもありました。

しかし合意はその度に破られ、米国は北朝鮮に対する圧迫や封鎖の繰返しを基調としてきました。

今のバイデン政権は、北朝鮮といかなる対話もせず、対話の努力もせず、きわめて強硬な姿勢を取っています。

朝鮮半島平和の直接的な最大の利害当事国は韓国です。平和の恩恵を一番多く受ける国家も、平和が崩れた時の被害を最も多く被るのも韓国です。韓国は最大の利害当事国として必要な役割をしなければなりません。

しかし韓国は、朝鮮半島の平和実現のために充分な指導力を行使できないままです。

韓国の歴代政権は、程度の差はあれ、米国の硬直した対北朝鮮政策の流れに順応してきました。

２０１７年文在寅大統領とトランプ大統領の共同宣言は、韓国と北朝鮮との関係に関し、韓国の主導的役割を米国は支持すること明らかにしました。しかしその後、米国はワーキンググループをつくって韓国政府の北朝鮮に対する政策努力に制約を加えたのです。

韓米同盟にいかに臨むか、韓国の生存戦略に韓米同盟をいかに両立させるか、これらは韓国にとって喫緊の最重要課題です。

もしも、韓国の生存のために正しいと判断する道が米国の政策と異なる場合は、韓国はそのことを米国に明確に言わなければなりません。その時期が近づいているのです。

米国との同盟を最も重要視する韓国や日本にとって、中国との関係は非常に困難な課題です。米国との同盟を最優先する政策が惹起するジレンマに、韓国も日本も直面しています。

韓国と同じく、日本もまた経済的に中国が米国よりもより大きな取引相手になっています。地域的にも中国が米国よりもはるかに近いのです。

韓国と日本にとって米国との同盟はとても重要ですが、東アジア地域安定のためには中国との関係が安定しなければならないのです。

日本は安倍晋三総理から岸田文雄総理に至るまで、台湾有事は日本の有事であると宣言しました。

そうした日本の方針は中国との関係を緊張させました。

米国は中国を供給網（サプライチェーン）から締め出すために「デッカプリン

グ（経済分断）」を掲げた後、「フレンド・ショアリング（近しい関係に限定したサプライチェーンの構築）」に修正し、すぐに「デリスキング（リスク回避）」に後退したのです。

その度に、米国は韓国と日本に同調を促しました。韓国も日本も「デカプリング」が不可能だということを知っていました。おそらく米国も分かっていたことでしょう。不可能なら不可能と、韓国と日本は言わなければならなかったのです。

## 東アジアと世界平和のための韓日の貢献

韓国で「大韓民国の生存戦略―李洛淵の構想―」を出版した5月以降、世界情勢は大変化を見せました。その一つが8月に開かれたキャンプデービッドでの韓米日首脳会議でした。

その首脳会議は韓米日協力の強化を再確認しました。しかし北朝鮮に対する韓米日首脳の強硬な態度は、朝鮮半島情勢をますます緊張させるばかりでした。

9月にロシアで北朝鮮の金正恩《キムジョンウン》委員長とプーチン大統領の首脳会談が行われ、

両者は北朝鮮とロシアの軍事協力を含む関係強化に合意しました。これもまた、朝鮮半島における韓米日対中ロ北朝鮮の対決構造をさらに鮮明にしました。朝鮮半島に緊張がより高まったのです。

そして、10月7日にはガザのパレスチナ武装抵抗組織ハマスが、イスラエルを越境侵攻し、イスラエルは即座に大々的に報復にのりだしました。

この戦争がどのような形で結末がつくのか予想は出来ませんが、国際情勢に大きな影響を及ぼすことは必至です。世界秩序を米国が単独で主導する時代は終わる、そのような予兆を感じさせます。

このガザ戦争で、世界が激変する兆候は大きく分けて四つあると思います。

第1に、世界に反米連帯が起きています。２０２２年2月ウクライナに侵攻し戦争を起こしたロシア、ハマスを長期間支援してきたイラン、その二つの国家が、中国とともに反米連帯を強めています。

程度の差こそあれ、米国と距離をおいてきたブリックス（ブラジル、ロシア、インド、中国、南アフリカ共和国）にイランが加わり、東南アジアではインドネシアの動向も注目されます。

第2に、サウジアラビアの微妙な変化です。サウジは1945年以来、中東最大の米国の同盟国です。しかし、サウジは今年3月、宿敵イランとの和解と関係正常化を中国の仲介により北京で発表しました。

そして8月には、サウジはイスラエルと関係を正常化することに決定しましたが、ガザ戦争によってサウジはイスラエルとの関係正常化協議を中断せざるをえなくなりました。

第3に、エジプトとヨルダンの態度です。バイデン大統領はイスラエル―エジプト―ヨルダンとの4国首脳会議を開きたかったが、エジプトとヨルダンが合流しなかったので、イスラエル首相にだけ会って帰国しました。米国のリーダーシップが弱化した場面でした。

第4に、ガザ戦争に対する国際世論が日増しに反イスラエルに動きつつあるということです。米国はイスラエルを支持していますが、その米国に対しても内外の世論は決して友好的ではありません。

米国ハーバード大学の学生たちが、悪いのは100%イスラエルにあるという声明を発表しました。即座にウォールストリートの圧力で取り消さざるを得なくなりましたが、世論の反対の大きさを見せつけました。

国連とヨーロッパ連合（EU）もイスラエルによる女性や子供を含む民間人の大量殺傷に深い憂慮を表明するようになりました。

それに対するイスラエルの強硬姿勢と、そのイスラエルを支持し続ける米国に対する内外の批判は、鎮まるどころか拡大しつつあります。

日本の岸田総理は、民間人の犠牲に反対の立場を明らかにしました。

韓国の尹錫悦大統領も戦争のさなかにサウジアラビアを訪問し、米国と呼吸を合わせるよりも民間人犠牲に対する憂慮を表明しました。

韓国も日本も米国との同盟関係を最優先するなかで、よくやったと思います。

米国の一極時代が終わると、その後世界にどのような秩序がもたらされるか、私たちは未だ予想できずにいます。

ただ少なくとも、米国と中国を二大勢力とする多極体制になるのではないか、そしてそれは、世界を平和に導くには不安定なものである、そう予測せざるを得ません。

そうであればこそ、韓国も日本も今から、そのような不透明で不安定な未来に備えて、いかに生き残るのか、その生存戦略を考えるべき時だと思います。

自らの国益を考えた生存戦略と米国との同盟関係を重視する生存戦略をどのように両立させていくべきか、そうした課題と現実に韓国も日本も直面せざるを得なくなると思います。

私は韓国と日本がこれまで経験したことのない危機に直面し、真に協力する時代に入り、新しい世界秩序づくりに韓日両国が協力して対処するようになることを願っています。

米国と中国の競争が激化しつつある時に、東アジア安定のために韓国と日本が協力すれば、大きな影響を及ぼすことができると思います。

韓国と日本の世論がこれまで通りの考え方から脱しきれないなら、韓国と日本の前途は、米国とともに中国包囲に進む道しかないと思います。

しかし、本当にそれが韓国と日本の共通した生存戦略なのか、今一度考えてみる必要があると思うのです。

もし、韓日両国が協力して米中に自制を促し、米中競争を最優先するのではなく、米中が協力して世界の平和と発展の先頭に立つように求めれば、北朝鮮を含めた東アジアの平和と安定に寄与するだけでなく、世界の平和と経済発展に貢献できると思います。

韓日両国が協力して声を一つにするならば、米国も中国も無視できないでしょう。

同盟国の米国も韓日両国のそうした努力を理解するであろうし、理解してくれなければならないと考えます。そしてそれは韓日の重要な同盟国である米国の為にもなると確信します。

同盟も時代によってその内容や方法も変わるでしょう。米国はその点について同盟の現代化（Modernization）と言っています。米国が同盟の内容を変化させていくことは可能だと考えます。

## 韓日両国のもう一つの共通した生存戦略

韓日両国の共通した生存戦略が自立的な米国との同盟関係であるとすれば、もう一つの重要な共通生存戦略があります。

それは正しい歴史認識の共有とその克服です。豊臣秀吉の朝鮮侵略から始まり、明治政府の朝鮮強制合併（韓国併合）に至る歴史をいかに正しく共有し、克服するのか。これは健全で良好な韓日関係を築く上で避けて通れない重要な問題です。

実際のところ、歴史認識問題は１９６５年の韓日国交正常化交渉以後、今日まで、韓日両国の間で最も重大な論争点となってきました。

そして韓日関係は、この歴史認識問題を巡って、良好な関係になったと思ったら悪化し、悪化したら改善するという積み木崩しのような努力を繰り返してきました。

文在寅政権と安倍政権の下でとてもまずい関係になったと思ったら、尹大統領と岸田首相の政権になって急な反転を見せるようになりました。韓日関係が改善されたことは歓迎すべきことです。

しかし今回の韓日関係の改善は、韓国にとっては「不満」であり、日本にとっては「不安」な関係改善と言われています。

その意味するところは、韓国としては、歴史認識問題に蓋をして一方的に譲歩したことに不満な関係改善であり、日本としては、韓国で政権が変われば再び両国関係が過去に戻って悪化するのではないとの不安がつきまとう関係改善であるということなのです。

これでは真の関係改善にはなりません。

韓米日連帯の強化を願うバイデン大統領の意向が反映された韓日の関係改善だと言われるようでは、バイデン大統領自身も決してうれしくないでしょう。やはり韓日関係は、韓国と日本の世論に基づいた自発的な関係改善でなければならないのです。

それは可能なのです。

尹錫悦大統領は韓米同盟を最優先するあまり、そして韓日関係改善を急ぐあまり、日本の過去の誤りを一切問わないという方針を決めました。そのような関係改善は、必ず矛盾にぶつかるでしょう。

かつて西独のヴァイツゼッカー大統領が語ったように、歴史に目を閉ざすならば未来が見えなくなるからです。

まして国際社会の流れは、過去の植民地主義に厳格な視線を向け、過去の宗主国は過ちを謝罪して、二度と過ちを繰り返さないと約束する方向に向かっています。

そうした歴史の流れに逆らうことはできないのです。

だからといって、ことあるたびに韓国が日本の過去の過ちをことさらとりあげて反日行動に出たり、日本の過ちを永遠に許すことはできないと言わんばかりの強硬な態度に固執するようでは、日本の反韓感情をいたずらに煽り、両国関係は前に進むことが難しくなるでしょう。

韓日双方の知恵と決断が必要なのです。

幸いなことに韓日両国の偉大な指導者が遺してくれたな贈り物があります。

１９９８年の金大中大統領と小渕恵三総理の「韓日共同宣言―21世紀に向けての韓日パートナーシップ」がそれです。

その宣言において小渕総理は「わが国が過去の一時、韓国国民に対して植民地支配によって多大な損害と苦痛を与えた」という歴史的事実を謙虚に受けとめ、それに対して痛切な反省と心からの謝罪を語りました。

そして金大中大統領もまた、そうした小渕総理の勇気ある決断に打てば響くように、小渕首相の歴史認識の表明を真摯に受けとめ、それを評価するとともに、「両国が過去の不幸な歴史を乗り越え、和解と善隣友好協力に基づく未来志向的な関係を発展させるために、互いに努力することが時代の要請だ」、と語りました。

この宣言のすぐれた点は、日本の誤りを認めて謝罪した小渕総理の勇気と、それを評価し、未来志向的な両国関係を提唱した金大中大統領の先見の明にあると私は考えます。

それによって韓日両国国民の交流が一気に花を咲かせ、そのことも手伝って、

いまや韓流文化が世界に開花したのです。私の言うソフトパワーの韓国が出来たのです

尹大統領と岸田総理が、金大中―小渕恵三宣言を発展させる新しい宣言を掲げることができれば素晴らしいことだと私は思います。

最後に、私の個人的な思いを申し上げたいと思います。

それは、韓日両国の国民の手で、明仁上皇御夫妻が健康な間に、韓国ご訪問を実現するということです。

上皇は、在位30数年の間、ひたすら、日本の過去の過ちの謝罪と未来の平和への誓いを体現しようと努力されました。

その上皇が、切望されておられたにもかかわらず、ついに叶わなかったのが韓国訪問でした。

今は一切の公務から離れて余生を過ごされておられます。

尹大統領が上皇の訪韓を招請してそれを韓国国民も歓迎し、そして岸田総理が尹大統領の招請に感謝し、日本国民が祝福する形で上皇ご夫妻を韓国に送り出す

ことができれば素晴らしいことだと思うのです。

もしそのことが実現するのなら、その時こそ、韓日の友好関係が、永続的で不可逆的な真の友好関係へと発展する時だと思うのです。

## 結び

今、世界は戦後最大の歴史的転換期を迎えています。

もし、韓国と日本が協力して共通の生存戦略を追求するようになれば、その時こそ、真の韓日協力の時代が訪れるでしょう。

そして、真の韓日協力関係は、米中新冷戦に対しても、危機に瀕した世界秩序に対しても、大きな貢献を果たすことができるに違いありません。

韓国と日本の手で世界を平和に導くのです。

韓国と日本の共通した生存戦略が世界に平和をもたらすのです。

それは決して夢ではありません。

未来を担う韓国と日本の若い世代が、長所は伸ばし合い、短所は補い合って、ともに協力して韓日両国を発展させていけば、夢が現実になると思います。

そのことを訴えるために、私は敢えて「世界平和に貢献する韓日協力への道──李洛淵の構想」を日本国民の皆さんに読んでいただくことに踏み切りました。

日本国民の間で広く読まれ、論議され、その中から建設的な意見が出てくることを期待します。

そして、日本におけるそうした論争が韓国にも伝わり、韓国でも新しい論議が起きることを期待します。

２０２３年12月吉日
李洛淵

# 大韓民国の生存戦略

目次

# まえがき

## 米国での一年

私はとにかく韓国を一年間留守にすることにした。韓国を離れれば、新しい何かが自分に詰め込まれるだろう。とくに計画しなくてもそうなるものだ。私は2022年6月7日ソウルを発った。政局での困苦と混乱を嘗《な》めた後だったので、寂しい思いが過《よぎ》った。身も心も重かった。まるで深い水底に沈んでしまったような気がした。

遅くならないうちに、新しい何かを自分の中にもっと詰め込みたいと思った。長い間、関心だけはもっていたが、集中してやれなかったこと、つまり韓国が国家として生存するための戦略である。私は朝鮮半島の平和と、米中戦略競争に集中することにした。

私は1年間ワシントンのジョージワシントン大学韓国学研究所の訪問研究員として過ごした。研究所の関係者に会ったり、書籍や資料を検討した。ワシントンにある多くのシンクタンクが主催しているウェブ・セミナーを見たり聞いたりして情報や見解などを吸収した。私が通った韓国学研究所はジョージワシントン大学エリオット国際関係学部にあった。

私たち夫妻は、ワシントンに隣接したバージニア北部フェアファクステーションで1年間暮らすことになった。妻の古くからの友宅の二階が空いていたからだ。私は地下鉄で通うことが好きだったから、住いからドナルドレーガン空港、ペンタゴン（米国防部）、アーリントン国立墓地などを経て通うのも苦ではなかった。車中であれこれ考える時間は楽しかった。

12番目の駅ファラゴットウェストで下車し、8分ほど歩けばエリオット国際関係学校に着く。そこはホワイトハウス、国会議事堂、国務省（外務省）、商務省、プレスビル、世界銀行、国際通貨基金（ＩＭＦ）などが陣取っているブロックに位置している。そのブロックは文字通り米国、いや世界の心臓部と言ってよい。

私は道すがらホームレスの人たちに出会った。いつも掘り返えされている道路工事の現場も通り過ぎた。米国社会の盲点を見る思いがした。トランプ大統領支援者による国会議事堂乱入事件（2021年1月6日）があった後にワシントンに入った。暴動の傷はすでに癒えていたが、トランプイズムの影響はまだあちこちに見え隠れしていた。政治の両極化と社会的対立の拡散はうまく管理されていないく、経済も停滞していた。

第2次世界大戦後、世界秩序は米国が主導して築かれたが、米国社会は混沌の中へ吸い込まれているようだった。中国の成長とロシアの挑発は米国の国際的リーダーシップを揺るがし、世界の不確実性を高めていた。米国自ら自国中心主義を強め、国際舞台から徐々に後退していた。

中国の浮上と米中競争の激化は韓国をディレンマへと追いやった。韓国は重要な対外政策で二者択一を迫られ、経済はかつてないほど萎縮せざるをえなかった。脱冷戦時代において、中国は韓国経済にとって好都合の市場であったが、米中競争時代に入って逆に最大の課題となっている。

米国はウクライナ戦争と米中競争に対処することに忙殺されている。北朝鮮の核を含む朝鮮半島の平和問題は、米国の対外政策の優先順位から下がった。バイデン政権の「同盟重視」も「米国中心主義」と時として衝突した。同盟国の韓国を当惑させたインフレーション減縮法（ＩＲＡ）もそんな時に立法化された。

韓半島問題に対する米国の姿勢に私は無力感を感じた。２０２１年1月９日にバイデンが大統領に就任すると、米国は対北政策を新しく組み立てると明言した。北朝鮮と条件を付けないで対話する用意があると20回ほど公けにした。しかし再検討の結果も対話しようとする行動も、就任後二年以上たつのにその兆しはいまだ見えない。

いらだちを感じるからといって手を拱いているわけにもいかない。私は考えを転換することにした。韓半島の問題が米国の対外政策の優先順位から下るほど、韓国は対案を出してその役割を高めねばならない。韓半島の平和の最大利害当事者は韓国である。平和の恩恵を最も被る国も、平和が破られた時に被害を最も受ける国も韓国であるからだ。だから、韓国はそれ相当の役割を演じなければならない。そして、それに相応する力を備えねばならない。

そこで私は、米国に向かって発言することにした。２０２２年に入って私は、ジョージワシントン大学、ペンシルバニア大学、ヒューストン大学、UCLA（カリフォルニア大学ロサンジェルス校）、コロラド州立大学、ヒューストンにあるアジアソサエティーデンバークラブなどで講演し、米国の対北政策の失敗を指摘して対策を示した。同時に、朝鮮半島の平和と米中競争についての研究結果を整理して公けにした。

２０２２年2月にロシアがウクライナを侵攻することによって国際社会は一層険悪となった。今のところプーチンにもゼレンスキーにもこれといった出口を見い出せないでいる。米国に対する中国の挑戦はさらに広がり、強くなっている。２０２３年3月、中国は長年敵対していたサウジアラビアとイランを和解させる場面を北京で催して世界に発信し、世界舞台の中心に麗々しく登場した。

２０１７年に「核兵器の完成」を宣言した北朝鮮は２０２２年に大陸間弾道ミサイル（ＩＣＢＭ）を含む弾道ミサイルを69回も発射した。米韓は北朝鮮の核問題の泥沼に陥った。米国が韓米日協調強化路線に乗り出すと、日韓は関係改善へと向かった。しかし、徴用工問題等、懸案の問題に対する韓国政府の弱い姿勢と日本政府の傲慢な対応は韓日関係に亀裂を生み、新たな危機を醸し出した。世界は不確実性を増したが、韓半島はさらにそうである。出口が見当たらないが、しかし我々はそれを探さねばならない。そのためには現在の立ち位置から知らねばならない。道はきっとあるはずだからだ。

２０２３年春　米国バージニアにて

李洛淵

# 第1章　韓国は国家戦略をいかに展開すべきか

韓国は現在、国家の総合力として世界の第6位に浮上した。そのことを米国紙「ユエス・ニュース・アンド・ワールド・リポート」が報じている。しかしながら、東アジアでは最も脆弱な地域が韓半島なのだ。韓半島で核兵器を持っている北朝鮮と対峙している韓国、すなわち韓半島の半分が韓国であるが、その地域が安全保障的には脆弱なのである。

韓半島は米国、中国、日本、ロシアの4強国に取り囲まれている。こんな大国に囲まれている韓半島は、地球上唯一の地域だ。冷戦時代には米ソ対立の最前線に位置していたし、現在は米中競争の最前線になろうとしている。

いつの時代も弱者は辛《つら》い。主張することが正しくてもたいした意味はない。米中戦略戦争時代における韓国を「メロスの悲劇」としてとらえる国際政治学者がいる。

メロスはペロポネソス戦争で中立を標榜したエーゲ海に浮かぶ小さな島国であった。ギリシャの歴史学者ツキジデスが『ペロポネソス戦争史』のなかでメロスの悲劇を次のように説明している。

スパルタと戦争していたアテネは、中立国メロスが背後の脅威となるかも知れないと判断した。アテネはメロスには使者を送り、アテネが主導するテロス同盟に入ることを求めた。しかし、メロスは「正義と善」のために中立を守ることを固執し、アテネの求めを拒否した。アテネの使者は「強者は力でできることをし、弱者は受け入れねばならないことを受け入れる」と言って圧力をかけた。しかし、説得が受け入れないと見るや、アテネはメロスを残忍にも踏みにじった。

「メロスの悲劇」は強者の戦争で、弱者の中立はたとえ名分が正しかったとしても、いかにむなしいかということを教えている。つまり、弱者の中立は危《あや》ういということなのだ。韓国の運命には「メロスの悲劇」があてはまるだろうか。

参考すべき点はあるが、絶対的ではないと思う。韓国はそれほど弱小でもないし、また現代の国際秩序は、それほど単純でもないからだ。だからこそ、韓国には戦略的思考が必要である。ライオンの勇猛さとキツネの知恵を同時に持たねばならないのだ。

## 【1　韓国を展望する六つの断想】

### 韓国の特別な性格

私は幼い頃から地図を見るのが好きだった。地図を眺めながらあれこれ想像することを好んだ。長じて地図を見ると、少年の頃とは違って見えるようになった。地図を見ていると、それぞれ国々の運命が見えるようになった。国家の地図上の位置は運命でもあるのだ。韓国が置かれている環境は、厳しい運命をもっていると言ってもいいだろう。

地図を見ると、アジアの韓半島はヨーロッパのポーランドとよく似ている。ポーランドは東にロシア、西にドイツ、南にオーストリア（かつてのハプスブルグ）、北は海に面している。韓半島の南半分が韓国である。ポーランドはすでに30年以上も前から西と南の危険から抜け出ている。ところが韓半島には現在さらに大きな危険が迫っている。韓半島は北朝鮮の核武装、米中競争とロシアの挑発という一層危険なリスクを抱え込むようになっている。

そうした厳しい条件が、韓半島の四つの対外的性格を形づくっている。韓国の対外政策を樹立して履行しようとするなら、この厳然たる事実を何よりもまず知らねばならないのだ。政治や政策の担当者だけではなく、国民の誰もが知っておかねばならない。今や外交は一部エリートだけの専有ではないからだ。

まず第1に、韓国は分断国家である。南と北に分かれて2年たたずして1950年6月から53年7月まで、3年余りの民族相い食《は》む戦争を経て、戦争が終わってから70年間も「終戦」ではなく「停戦」状態のままである。しかも、今後関係が改善される兆しさえ見えない。

分断国家であるせいで、平和の確保がいつも切に求められてきたのだ。ドイツの統一を導いた西独のブラント首相の名言の通りだ。

「平和がすべてではないが、平和がなければすべてのことは何でもない」

第2に、韓国は同盟国家だ。世界の最強国である米国との同盟によって安全が保障され、民主主義と市場経済を発展させるのにも米国の影響を受けてきた。すべてのことがそうであるように、同盟も時代によって違ってくる。米国は同盟の現代化という用語を使っている。

とはいえ、何かが変わったとしても同盟の信頼を守り、共有価値を発展させるのは当然である。民主主義と人権、市場経済と自由公正貿易等がまさしくその共有している価値である。

第3に、韓国は半島国家である。半島として大陸と海洋を繋いでいる。しかし、大陸の努力と海洋勢力の角逐場として歴史的に何度も踏みにじられた。

韓国は大陸勢力の中でも中国とロシアと隣り合わせである。中国は米国と覇権を争っているが、韓国と経済関係は密接である。韓半島の平和においても、それなりの役割を担っているので、中国と建設的な関係を維持していかねばならない。敵対的になってはならないのだ。

第4に、韓国は通商国家である。世界のほとんどすべての国と貿易を行い、それによって経済を成長させてきた。

コロナ禍に見舞われた初期において、忠清北道五松《オソン》のある中小企業がコロナ診断キットを165ヵ国に輸出したほどだ。

韓国経済の対外依存度は60〜80%にものぼる。それゆえに、世界のいかなる国にも敵対感を抱かせてはならない。いかなる国にも良好な関係を保つのが通商国家の立ち位置であり、義務なのだ。

以上の四つの性格からくる要求は、互いに衝突することがある。同盟国家と半島国家の要求は互いに衝突する。米中協力の脱冷戦時代にはそうではなかったが、米中競争時代には敏感に、時として深刻なくらい衝突する。

同盟国家が通商国家の要求とぶつかることもある。2023年に韓国とイランとの間にそんなことがあった。分断国家として平和を確保しなければならないことが、他の要求を制約することもある。南北関係の進展を警戒する国が周辺にある。それでも我々は四つの要求を同時に充足させねばならないのだ。いづれの一つだけを盲目的に従うことが出来ないのが、韓国が置かれている宿命なのである。

## 脱冷戦と韓半島に射《さ》す光と影

韓国の特別な四つの性格のうち、同盟国家と半島国家の要求がうまく合致した時期もあった。脱冷戦の時期がそうであった。脱冷戦は1988年のソウルオリンピック、1989年のベルリンの壁崩壊、1990年のドイツ統一、そして1991年のソ連解体と東欧社会主義諸国の互解をもたらした。

脱冷戦時期の前半期は、中国はまだ弱小だった。中国は米国主導の西側の資本主義の世界秩序に呼応し、それによって力をつけた。米国は中国を安価な消費材工場として活用し、便利に使った。ソ連が15の独立国に分離された後、ロシアは弱体化し、混乱した。ロシアが隣国を侵略するということは想像する余裕すらなかった。

そんな国際状況の中で、韓国はうまく立ち回った。盧泰愚大統領の「北方政策」がそれだ。韓国は1990年にソ連と、1992年に中国と国交を樹立した。東欧、中央アジア、東南アジア、アフリカ諸国と外交関係を結ぶことに成功した。そして、韓国は外交とともに経済の地平も広げた。韓国経済は中国、ロシアを始めとする旧社会主義圏へ猛烈に進出した。安保を米国に依存し、中国等とは経済関係を拡大することに専念した。その期間、韓国経済は高度に成長した。事実、韓国の一人当たりの国民所得は1994年に一万ドル、2006年に二万ドル、2017年に三万ドルまでなった。

しかし、光にはいつも影がつきまとう。韓国が東側の社会主義諸国と国交を樹立し、外交と経済の地平を広げた反面、一方で北朝鮮は孤立した。北朝鮮は米国、日本とも国交を結べないどころか、中国、ソ連のようなそれまでのイデオロギー的に外交的に経済的に強力なパートナーを韓国の方へと引き渡したのである。

北朝鮮はその流れを体制危機としてとらえ、核開発を本格化する。北朝鮮は1993年核拡散防止条約（NPT）脱退を宣言し、核開発の意思を表にした。2006年に一回目の核実験を行い、続けて、2017年に「核兵器の完成」を宣言した。

韓国の一人当たりの国民所得増加と北朝鮮の核開発の歩みは不思議なくらい符合する。南北は同じ速度で、しかし異なる方向に向かって走ったことになる。脱冷戦期の初め、ソ連と中国と国交を結んだ韓国はこう言ったのだった。

「北朝鮮が米国、日本と国交を結ぶことに反対しない」と。

しかし韓国は、北朝鮮が米国や日本等と国交を樹立するのを陰に陽に牽制した。米国もまた北朝鮮との国交樹立を無視した。脱冷戦に入ってから、韓国は脱冷戦の利益を享受したのに、米国は北朝鮮に対しては冷戦の思考を堅持した。そんな瞬間で、北朝鮮は核開発へと突き進んだ。これは韓半島の平和にとって大きな脅威となった。

脱冷戦時代、韓国は経済の高度成長に成功したが、北朝鮮の核武装というリスクを負うことになったのである。そんな脱冷戦時代が終焉し、今や新冷戦と呼ばれる米中競争時代が始まったのである。

脱冷戦時代、中国は韓国最大の貿易黒字国であった。ところが今では、中国は韓国にとって最大貿易赤字国となっている。2023年3月現在、韓国は13ヵ月連続で貿易赤字国を記録した。2022年韓国は、歴史上最悪の425億ドルという貿易赤字を出した。この最大の原因は中国に対する貿易赤字だったのだ。現在韓国にとって、中国の影は濃くて重いものとなってのしかかっている。

## 覇権競争の新しい始まり、米中競争

覇権といえども永遠ではない。かつて覇権は、ポルトガルから↓オランダ↓英国↓米国へと移った。中国の浮上は特別なものがある。欧州↓米国へと移った覇権が500年目にしてアジアへと移る可能性がある。その分岐点であるという意味が特に重要なのである。

覇権国は必ず経済力、軍事力、文化力を備えていなければならない。なかでも、経済力と軍事力は絶対的な条件である。軍事力も経済力から大いに影響を受けるものとするなら、経済力が核心となる。例えば古来、産業の基盤となる先端技術を開発して産業化するのに成功した国が覇権国となった。かつて英国は、蒸気機関で第1次産業革命の主役となった。米国は電気・コンピューターで第2次、第3次産業革命を率いた。現在は第4次産業革命の時代である。

産業革命以前は、インドと中国が世界の最強国だった。その時代は食糧が即経済力だった。インダス川とガンジス川を合わせもつインド、黄河と揚子江を抱えた中国には食糧が豊富だった。それで人口が増え、技術と文化が発達し、軍事力も高まった。近年、中国とインドが再び蘇ってきているのは歴史の循環なのだろうか。

しかし今日で言う覇権国は、産業革命以後に登場したのだ。産業革命によって工業が興《お》こり、造船と航海と金融が発達すると、新しい権限が展開するようになった。ポルトガル→オランダ→英国が海外の植民地を率いて順次覇権を握った。そのなかでも七つの海を抑え「陽《ひ》の沈むことのない国」英国の覇権は、100年も続いた。それが「パックス・ブリタニカ」である。

英国は1914年に勃発した第1次大戦まで覇権を維持していたが、米国へそれを手渡した。それでも英国のポンドは1960年まで一定の力を持っていた。

第2次大戦（1939―45）末期の45年2月、黒海沿岸にあるヤルタでルーズベルト米大統領、チャーチル英首相、スターリン首相が集まった。三人の巨頭はドイツ降伏後の戦後秩序をどうすべきかについて話し合った。ヤルタ会談が終わるとルーズベルトは急遽サウジアラビアを訪問し、アジス国王と会った。その話し合いで米国はサウジの安保を助け、サウジの石油をドルで決済することに合意した。これは、経済の主導力が石油とドルに移ったことを見せつける象徴的な出来事であった。その後、急速に「バックス・アメリカーナ」が世界へと拡大していく。

ポルトガル↓オランダ↓英国↓米国へと覇権が移った理由は何だったのであろうか。ワシントン大学のモデスキー教授はいくつかの理由を提示している。

その第1として、それまでの覇権国家と大きく衝突しない、もしくは戦争を起こしても覇権を既存の覇権国家から譲り受けている。

第2として、周辺諸国とことさらに衝突しない、もしくは周辺諸国を抑えて友好関係を維持している。

第3として、海洋国家であったし、金融権力の中心であった。逆に、覇権国を目指したが、失敗したフランス、ドイツ、ソ連はそのような特徴をもっていたのであろうか。先述のモデンスキーはこのように分析している。

まず第1に、既存の覇権国家に挑戦し、しばしば衝突して国力を消耗した。第2に、大陸国家だったし、金融力が脆弱だった。中国はこれに該当するだろう。そして、それを克服しようとして努力しているようである。そこで中国は海軍力を増強し、南太平洋を制しようとしている。一帯一路政策によって周辺国家を引き入れ、インド洋に統制力を確保しようとしている。そして中国元の国際化を試みている。

その後、米国の覇権に対して挑戦する国が引き続いた。まずソ連だった。特に1957年ソ連が人類史上初めて、人工衛星「スプートニク1号」を打ち上げた時の衝撃は大きかった。ソ連が覇権国として浮上するだろうという主張が出て、1980年代まで続いた。しかしソ連は1991年に解体された。

1980年代には日本が台頭した。79年にハーバード大学のエズラ・ボーゲル教授は『ジャパン・アズ・ナンバーワン』を出版したし、またエール大学のポール・ケネディ教授は87年に『大国の興亡』で米国の次の覇権国として日本を挙げた。しかし日本は、1985年にプラザ合意によって米国による円切り上げに屈し、さらに翌86年に、米国は巧妙な法的措置による圧力によって半導体輸入制限をし、日本は挫折した。

次の挑戦国は現在進行中の中国であるが、中国にも問題がある。だが中国はそれ以前のソ連や日本と異なる、強力な挑戦者だ。このことをホワイトハウスのサリバン国家安保補佐官は簡潔にこう表現している。

「かつてのソ連に比べて中国は経済的に強く、さらに外交的にきめ細かで、理念的に柔軟である。世界の3分の2の国々が中国の主な貿易相手になっている。そして、また、米国が全盛期の米国ではない」

## 米中競争のいくつかの分岐を展望

先に私は未来産業の基盤となる先端技術を開発し、産業化するのに成功した国こそが覇権国家になると述べた。２０２３年3月、オーストラリアの戦略政策研究所（ＡＳＰＤ）は驚くべき報告書を公にしている。主要で有望な技術44の研究開発（Ｒ＆Ｄ）のうち、37もが中国が圧倒的に優勢だというのだ。それに比して、米国はわずか7つに過ぎない。

中国のそうした優位が覇権へと繋がるのは、時間の問題だろうか。それとも、米国の優位が中国の予想に反し、もっと長く続くだろうか。それとも、明確な主導国のない多極体制もしくは無極体制（Ｇゼロ）へと向かうのだろうか。

米中競争の展望はいくつかの見解に分かれる。

まず第1に、米国優位が今後50年間揺るがないという見通しである。米国のトーマス・フリードマンは、『来たるべき暴風と新しい米国の世紀』でそのように見通している。

第2に、米国には頼みとする長所がなく、既に中国がまさっているという分析である。シンガポールのキショア・マブバニ教授は、中国が勝っていると分析している。ハーバードのスティブン・ウォルト教授もよく似た主張である。

第3に、明確な主導国のない多極化、もしくは無極時代に向かうという主張である。米国の政治学者イアン・プレマーの『リーダーを失った世界』がそういった主張の先頭に立っている。多極化体制へと向かうならば、BRICS（ブラジル、ロシア、インド、中国、南アメリカの5か国）を注目する必要がある。この5か国のうち中国、インド、ロシアはいかなる意味でも注目されるだろう。

第4に、米国と中国が戦争へと向かうという見方である。米国のエリソンは『予定された戦争』の中でそう想定している。ただエリソンは、戦争を回避する方法もあり、それを原則的に明示している。

第5に、2030年以後のある時点で、中国は経済総量（GDP）において米国を追い越し、シーソーゲームを重ねながら2050年にはインドが最強国になるだろうという見方がある。日本の嶋中雄二は『覇権の法則』の中でそう主張したし、さらに嶋中は日米連合覇権を示唆した。

第6に、しばらくの間は現状を維持するだろうという見解である。ハーバード大学のジョセフ・ナイ名誉教授は、『米国外交は道徳的なのか』でそう診断した。彼は中国の浮上についてどう見るかを、次のように忠告している。

「中国の力を過大評価したり過小評価するのは危険だ。相手に対する過小評価は現状に安住させるし、過大評価は相手に対する恐怖をもたらす。二つとも誤った方向を導く。歴史は勢力均衡の変化に対して間違った認識で点綴《てんてつ》されて来た……。いつかは中国の総経済力が米国追い越すとしても、地政学的な権力の尺度はそれだけではけっしてない」

ナイ名誉教授は経済規模以外に周辺諸国との関係、エネルギー自給力、通貨の国際性、人工統計学的経済等から米国の優位を主張している。

周辺国家の関係で、中国は14か国と国境を接している。さほど広くもない海洋を挟んだ国々まで含めれば19か国にのぼる。中国はそれら諸国の中で、日本などと領土を巡って緊張したり、争っている。それに比べれば、米国は国境紛争などない。あるフランスの外交官はこのことを絶妙な表現をしている。

「米国は南北に相対的に温厚な国（メキシコ、カナダ）があり、東西（太平洋、大西洋）には魚しかいない。ただ今後は、国境の意味も違ってくるし、絶対的ではない」

このことを2001年年9月11日のテロが見事に証明した。さらには宇宙にまで戦場が拡大するとなると、話はずいぶんと変わってくるだろう。

エネルギーにおいては中国は最大の輸入国だ。米国は2025年にまでエネルギーの自立を目標にしている。人口においても中国は低出産高齢化が急速に進んでいる。米国は先進国としては珍しく、各年齢層で人口がむらなく増えており、中間年齢層が若い。通貨ではドルが圧倒的に強い。

ナイ名誉教授は中国が急速に成長しており、多くの分野において米国に先んじているとも認めている。ただしかし、中国があらゆる分野において米国に取って代わるには相当期間難しいという予測をしている。

彼はさらに、経済において指導国になるには国内総生産（ＧＤＰ）だけではなく、一人当たりの国民所得も重要だと言っている。

## 米中競争の4つの罠《わな》

歴史はいつも正しく真っすぐに進むとは限らない。しかしながら、歴史はつねに教訓を与えてくれる。米中競争を診断すると、しばしば過去のくり返しで、その中で見るべき教訓がある。その教訓として、４つの罠がしばしば語られる。そんな歴史がくり返されるのか、そうではないのかは別個の問題だ。

### その4つの罠とは

第１にいわゆる「ツキディデスの罠」である。古代ギリシャの学者ツキディデスが『ペロポネソス戦争史』の中で主張した理論である。

既存の盟主国であるスパルタは、新たな強国となりつつあるアテネを恐れて不安を覚え、結局両国は地中海の覇権を巡って戦争を起こす。ツキディデスの罠とは、新興国の浮上とそれに対する既存の覇権国の恐怖という2つの要因によって、戦争が不可避になるという見方である。

新興勢力が台頭し、既存の覇権国が不安がると、しばしば戦争が勃発するというのである。

クレイム・エリスン元ハーバード大教授は『予定された戦争』（2008年刊）で、米国と中国の間には望まない戦争が近づいていると診断している。しかし、米中間に全面戦争が起こらないだろうと見方が圧倒的である。しかし、米国は中国が虎視眈々と狙っている台湾統合に特別に目を注いでいる。

第2に、「キンドルバーガーの罠」である。新しく浮上した主導国は、既存の覇権国ほどリーダーシップを発揮できないことから生じる危機である。

MITの教授だったキンドルバーガーが2017年に著した『大恐慌の世界1929～39』の中で展開した概念である。

彼は、それまでの英国に取って代わった米国が、新興指導国としてそれ相当の役割を果たしえなかった結果として大恐慌（1929〜33）が発生したし、それが原因の一つとなって第2次大戦へと繋がったと指摘した。

第3に、「タキトゥスの罠」である。つまりそれは、政権が信頼を失っているときは、何を言っても何をやっても、国民から信用されないことを言う。ローマの歴史学者タキトゥスが、『タキトゥスの歴史』で主張した見方である。タキトゥスは「皇帝が人民の憎悪の対象となれば、皇帝がいくら善政を敷いても、ことごとく国民から憎悪を買う」と指摘した。

「タキトゥスの罠」は、米国等が中国を批判するときにしばしば引用されている。中国は確かに、経済発展と国家の品格を高めるのに成功した。しかし、中国が東西（沿岸地域と大陸の内部地域）、労農（都市と農村）、貧富という「3大格差」を含む国内問題を解決できず、権威主導的統治に対する国内外の拒否感や警戒感が大きくなれば、タキトゥスの罠にははまることもある、というのだ。

第4に、「中進国の罠」である。途上国が中等所得国家（Middle Income Country）段階で成長力を失なえば、高所得国家（High Income Country）に至ることなく、中進国にとどまるか低所得国家へと後退する現象を言う。2006年に世界銀行が「アジア経済発展報告書」で提示した概念である。

中国は「中進国の罠」に陥ることなく、跳躍を続けるために、2015年に「中国製造2025年」を公けにした。米国との摩擦があるせいで、その用語はすぐに使われなくなったが、中国の意思ははっきりしている。低価格製品の世界工場は卒業し、先端技術を自給自足し、さらに製造業を基礎とする超強大国を目指すというものである。

## 米中競争が放った、象とゴルフ場のディレンマ

脱冷戦は韓半島に光と影をもたらした。冷戦が終焉すると新たなディレンマが韓国を覆った。米中競争が放った象とゴルフ場のディレンマがそれだ。

2022年10月、ホワイトハウスはNSS報告書を発表し、中国が米国に対する挑戦の意思と能力を備えた唯一の競争国だと規定した。こうして、米中競争は真剣勝負と化した。

米中が協力し合った脱冷戦時代、韓国は経済と外交安保を気がねなく行使することが出来た。しかし、外交安保ともに試練が訪れた。脱冷戦時代のように、韓国は米中両国と協力して安保を守り、経済を成長させることが難しくなったのである。

今や経済と安保を結び付けた「経済安保」時代となった。「経済安保」時代の寵児である半導体分野等で、米国は韓国を含む友好諸国が中国と先端製品と交易するのを制約しはじめた。

米国は各国と協力するグローバル供給網（サプライ・チェーン）から中国を遮断しようとするデカップリング（国や地域間の投資や通商を法律や規制で阻害したり、連動させないこと。単に「経済分断、分離」と訳されることもある）を掲げた。経済の相互依存が深化しているところに、デカップリングはふさわしくないものとしてとらえられている。

それで米国は、フレンド・ショーリング（Friend-shoring）を打ち出した。友好諸国とともに供給網を構築しようという構想である。生産施設を海外に移転するオフ・ショーリング（Off-shoring）が中国依存度を高め、グローバル供給網をかき乱すという指摘が出ると、その代案として推進されたのである。その結果、中国と関係が緊密だった韓国経済は新しいリスクを抱え込むようになった。

中国とロシアが力がなくて立ち上れなかった脱冷戦時代に、北朝鮮は孤立と封鎖（経済封鎖）の中で懸命に核開発に力を注いだ。脱冷戦時代が終わり、中国とロシアがしだいに発言権を高めて行動するようになると、北朝鮮が新しい機会として利用するようになった。北朝鮮は、国交と平和体制の構築のために米国に何度も食いついたが失敗した。北朝鮮は今、米中競争を高みの見物よろしく満足気にお手並みを拝見しているように見える。

米国が韓米日連帯を強めれば、中国はロシア、そして北朝鮮と連帯を強化するだろう。北朝鮮にとって中国は、脱冷戦時代よりも今やもっと有用な存在になりつつある。中国とロシアは東アジアで米国を牽制するのに北朝鮮を盾にしようとするだろう。韓半島は冷戦時代の米ソ対立の最前線から、脱冷戦後は米中競争の最前線へと様変りしている。

米中両国と世界を「象とゴルフ場」だと、そのように比喩した政治家がいた。その一人はシンガポールの元首相リー・クァンユーだった。彼は「2匹の像が繰り広げても愛し合っても、ゴルフ場は損傷を被るだろう」と言った。もう一人は、マレーシアの元首相マハティールである。彼は「2匹の象が争えば、ゴルフ場は壊れてしまう。2匹の象が愛し合えばゴルフ場はもっと壊れてしまう」と言った。

2匹の象が愛し合ったときはなかった。でも友好的になった時代はあった。韓国にはそんな時代がよかった。しかし2匹の象は闘いへと転換した。2匹の象の争いは韓国にディレンマをもたらした。北朝鮮の核武装の強化と米中競争にウクライナ戦争が重なった状況は、さらに複雑な様相を呈している。韓国は、現実的に脅威に直面しているのだ。

この危機は韓国の発展と繁栄を脅かしている。それどころか韓国の生存までかかっている。発展と繁栄は確かに重要であるが、それも生存があってこそである。生存してこそ発展もあり、繁栄することも出来るのだ。今や韓国の対外政策は、国家生存に最優先の比重を置かねばならない。

韓国はこの危機的状況を前にして、どのようにして生き残るのか。韓国と北朝鮮が平和的に共存し、共に繁栄する道はないのか。東アジアは米中競争時代に入って、最悪の火薬庫となるのだろうか。東アジアの平和と安定を謳歌し、共に発展出来ないのだろうか。

## 【2　韓国を襲う四つの不安】

現在、世界は混沌のトンネルを通過している。韓国の政治は脇を見る余裕などなく、内部問題で崩れようとしている。世界との連絡の場である外交は、そんな政治（内政）の延長である。

### 国際秩序が不安である

大転換の時代にはいつも不安が伴うものだ。現在の転換は全面的である。それだけに不安も大きい。米中競争は、５００年も続いたヨーロッパと米国との覇権争いとは次元が異なる。

人類はコロナ禍という世界的なパンデミックの危機を経験した。このパンデミックは既に進んでいた転換の速度を高めたし、変化の方向を定めた。パンデミックが終息しても、世界はパンデミック以前に戻ることはないだろう。パンデミックの危機によって隠れていたが、もっと大きな脅威は気候の変化だ。現在の状況が持続するなら、21世紀半ば以後はさらなる異常気象が到来するだろう。

世界は今や、超連結された一つの地球村となった。超連結社会は便利であるが、いろんな危険要因も同時に内包している。すでに日常化されているサイバー空間が急に巨大な危険に突然変化することもありうる。人類に便利さを提供してくれた原発が一瞬にして悲劇を招くこともある。「フクシマ」（東電福島）がそれを証明した。そうした新しい安保脅威を視野に入れないと平和を夢見ることは出来ない。

現在、世界の各地で地域紛争がくり広げられている。ミャンマー事態、新たな中東事態（戦争）等、大規模な人命被害を伴う暴力的な事態が続いている。米国主導のインド太平洋戦略と中国主導の一帯一路政策が衝突すると、国際情勢はいっそう波高しとなるだろう。

さらにロシアの侵攻が発端となったウクライナ戦争は、脱冷戦以後の時代における恐るべき混沌を予言している。

そうした地球的問題や人道的危機、地域紛争を解決するのに、関係当事国は責任をもって対処出来ないでいる。国連や世界貿易機構（ＷＴＯ）等、国際的機構もまた限界を呈している。

国際法とその規範が脅威にさらされているのに、新しい秩序は見えてこない。イアン・ブレマーが２０１４年にすでに提示した無極体制が、世界規模で少しずつ現実感を帯びてきている。

世界は無限の技術競争時代に入っている。半導体、次世代の移動通信、電気自動車（ＥＶ）、ＡＩ、陽子コンピューター、バイオ・クリーンエネルギー、宇宙開発等様ざまな分野の先端技術が人類の生活を画期的に変えている。人間生活の便利さと変貌というとバラ色に見えるが、実はそれを巡って国家の命運をかける勝負が展開されるのだ。

政治、経済、外交、安保、文化が境界を越えて融合し、複合されている。経済が安保、安保が経済の時代となった。先端技術の開発に立ち遅れると、国際競争でドロップアウトするしかない。先端技術の確保が国家の安保と繁栄の核心となった。これに対して韓国は十分に体係的ではなく、また強力でもない。

## 米中関係が不安だ

米中競争は前例のない秩序を強要する。下部経済（ファンダメンタル）は互いに引き離せないほど絡み合っている。それでも両国は死活の競争をくり広げている。韓国は致命的な分野で両者から択一を迫られている。

2023年3月13日、習近平主席は3度目の任期に就いた。主席を3度も務めるのは1949年に建国された中国では初めてのことだ。習近平主席はその第1声で「祖国統一」を誓った。以前から彼は台湾との統一を平和的にやっていくと言いながらも、一方で武力の可能性を排除しなかった。2013年3月に主席は公式的に就任すると「中国の夢」という旗印の下、国家主義を強調して米国に全面的に挑戦した。

米国と中国は経済、技術、外交、安保、文化、理念、体制等すべての分野で争っている。米国は、中国が台湾を侵攻するとしたら、2027年に起こるものと分析している。その時米国は台湾を防御し、助けると公言した。そんな事態が起これば、駐韓米軍の投入を検討せねばならないと米議会調査局（CRS）が明言した。駐韓米軍司令官は、そんな事態に備えて非常計画を作定していることを明らかにした。

米中競争は韓国と北朝鮮にそれぞれ異なった形で作用する。米中関係の悪化は韓中関係を悪化させた。脱冷戦時代において、韓国は韓米同盟と韓中協力、韓ロ協力を同時に行うことが出来たが、米中競争時代にはそうすることは難しい。韓国が脱冷戦時期に行えたチャンスは、米中競争時代にはリスクとなってしまった。それはまた、韓国の外交安保と経済を脅かすことになっている。

北朝鮮は長い間の孤立からの出口を、中国とロシアに求めるようになった。脱冷戦が終わると、米国に「NO」（ノー）と言う中国とロシアが、北朝鮮にしては以前よりももっと頼もしくなったのだ。

北朝鮮はもうこれ以上米国に取りすがろうとせず、米中競争を見守るようになるだろう。2019年に金正恩・トランプのハノイ会談が「成果なし」で終わった以後、北朝鮮は米国に期待をしなくなったようだ。今後、中国とロシアは東アジアにおいて米国と競争するのに、北朝鮮をさらに利用しようとするだろう。

## 南北関係が不安だ

誰もが南北関係にも季節があると言った。果たしてそうであろうか。冬の後には春が訪れるだろうか。

文在寅大統領の韓半島平和プロセスは、結果的に無念さを残したが、それなりの前進もあった。在任五年の間に南北の首脳が3度にわたって会談をもった。板門店を会談場所として2度も使った。文大統領は平壌の綾羅島にある競技場で北朝鮮住民に向かって直接演説した。南北の首脳夫妻は一緒に白頭山の頂上にまで登った。在任5年の間、南北の間には軍事的衝突は一度も起こらなかった。南北の首脳は文大統領の退任を前にして親善を交換した。これらは、かつてはついぞなかった歴史的進展である。

私は2002年末、青瓦台(大統領府)であったことをとても美しいものと記憶している。盧武鉉《ノムヒョン》当選人(次期大統領)が金大中大統領を訪問した。私も盧武鉉当選人の代弁人として随行した。その席で金大中大統領は、南北頂上会談を始めとする主要国家に対して、首脳会談の経験を盧武鉉当選人に詳しく説明した。実に理想的な政権移譲の瞬間だと思った。私はそのような先例が文在寅政府以後も続けられることを望んだ。しかし、現実はそうならなかった。後任者がそれを望まなかったからだ。

2022年5月10日、尹錫悦政権は発足するや否や、前政権の主要な政策をことごとく覆した。尹大統領はさらにその年の8月15日、光復節の記念辞で、北朝鮮が核を放棄すれば大統領は経済支援をするという、いわゆる「大胆な構想」を発表した。しかし北朝鮮の核政策は、経済ではなく今や体制に連動しているということを尹錫悦政権は軽視した。それゆえ、韓国の提案を北朝鮮はすぐに一蹴した。南北は超強力な武力示威（ミサイル発射等のデモンストレーション）によって「軍事力対軍事力」の対決を続けた。

そのうえ尹錫悦政権は、その発足当初から戦争の話ばかりやりすぎた。それで南北の首脳は激しく言い争った。この延長線上で、北朝鮮は２０２２年末に無人機をソウル上空に飛ばした。２０２３年の劈頭には、日本海にミサイルをまた発射した。南北の首脳はその発言に核兵器まで持ち出した。２０２３年には、「北朝鮮が核をさらに開発する限り、北朝鮮にはビタ一文も支援しない」と尹大統領は発言した。そうでなくても、北朝鮮への韓国の支援は途絶えてから久しいのにである。それなのに、北朝鮮をまた強く刺激したのである。

そんなことを言うのではなく、指導者なら緊張を緩《やわ》らげながら、平和を定着させ、民族の緊張の道を探《さぐ》らねばならない。そして、いかなる場合にも戦争を防がねばならない。

安保は大声を出して得られるものではない。国防の力（量）は静かに、しかも確実に強めねばならない。国民に国家に対する愛と信頼が自ずと出るようにしなければならない。これもまた安保なのだ。

2006年6月の歴史上初めての南北首脳会議の席上で、金大中大統領は金正日委員長にこう言った。

「誰も頂上の地位に永遠にいることはありません。私たちがこの地位にいる時、どうするかによって民族が栄えることもあるし、亡びることもあります」と。

## 韓国外交が不安だ

外交は、特別にきめ細かにやらねばならない作業だ。尹錫悦政権では多くの国政（内政）を雑にこなしているが、外交における「雑」さはこの比ではない。それが不安なのだ。

外交の不安は、尹政権が最も重視する外交行事に先んじて、大統領安保室の責任者たちが立て続けに任を解かれたことにも象徴的に表れている。2023年3月、韓日首脳会談を目前にして儀典秘書官が解かれた。4月の韓米首脳会談を前にしては、外交秘書官と安保室長が続いて任を解かれた。

その理由は公けにされなかった。しかし、業務に関する儀典局における意見の違い、あるいは権力と関連する軋轢が安保室内部で、安保室と外交部（外務省）の間で、そうでなければ大統領とその周辺や当事者の間で、それも深刻なほど何度もあったと考えるのが合理的な説明となるだろう。いかなる理由があったとしても重大な問題である。最も重要な外交の意思決定瞬間やメカニズムに大きな支障があるということになるからだ。

外交政策の内容においてもまたそう言える。韓国の対外政策は、先述したように四つの特性から来る要求を充足させねばならない。分断国家、同盟国家、半島国家、通商国家として求められるもののすべてに応えねばならない。

政権によっては、その中のある要求をより重視することもあり得るだろう。だからといって、他の要求を無視していいということにはならない。いずれも国家の命運がかかっているからだ。

同盟国家として米国との信頼を守り、共有価値を追求することは当然である。

しかし、それがすべてではない。尹錫悦政権の外交は米国の同盟国家がすべてであるかのように展開されているのが問題である。それゆえ、北朝鮮、中国、イラン等を不必要に刺激した。そうであってはならないのである。同盟を生かしながら、同時に他の価値を生かすのが外交の知恵である。

困難で時間がかかってもこの方針を貫かねばならない。韓国の安保的、経済的、歴史的条件は、同じ米国の同盟であるが、日本と異なり、あるいはまたオーストラリアや英国とも異なる。同盟国であるために、米国もそのことを韓国に期待していると、私は信じている。

また、現在の韓日関係は改善せねばならない。国民情緒（国民感情）と普遍的正義、三権分立や歴代政府の一貫した立場などを生かしながら、関係改善を模索しなければならない。

それなのに尹大統領の〝決定〟は、個人の請求権は消滅しないという韓国政府の一貫した立場、日本の加害企業が賠償せねばならないという大法院判決、被害者中心主義という国際的な普遍的原則を一挙に覆した。そのうえ、尹大統領は訪日中に公言した他のいくつかのこともしこりを残した。

日本はまるで絶好の機会を得たかのように、韓国に全方位で圧力をかけた。日本は尹大統領に、慰安婦合意の履行と福島産の水産物の輸入を求めたし、独島（竹島）問題も議題にしたことを首脳会談の直後に公けにした。日本の国内では尹大統領の任期中に独島問題（竹島問題）を解決しなければならないという主張が出たと、後日報道された。

日本では、歴史を歪曲した小学校の教科書検定が通過した。徴用問題と関連し、時の林外相は「強制動員はなかった」と言って「強制」を否認した。

独島（竹島）、歴史、国民の健康のような韓国の国家としての基本に対し、日本側の挑発は引き続いた。韓国側は外交部（外務省）の論評《コメント》と駐韓日本公使の措置で応じたにすぎない。しかし日本は「竹島（独島）は日本の固有の領土」だと言ってはばからなかった。

韓国側は、歴史に対する浅薄な見解と偏った認識、国政に対する鈍感さと速断によってことを誤ったと言わざるを得ない。日本側は真実を糊塗し、自己中心的な歴史認識、韓国に対する傲慢さでもって、まるで津波のように襲いかかった。双方の「無知」と「無礼」が浅はかな「合意」をもたらした。

韓日関係は両国政府の主張とは裏腹に、新しい危機を迎えている。尹錫悦大統領は訪日直後の国務会議で、韓日関係の正当性を強調したが、そのやり方の間違いについては知ってか、知らないのか言及することはなかった。2023年3月の韓日首脳会談は、韓国の国内政治と両国関係にとって新しい火種となったのである。このままでは、韓日関係改善という当初の目標が実現されるどころではないのである。

2023年4月26日の韓日首脳会談の前に、米国中央情報局（CIA）が韓国の大統領執務室を盗聴したという疑惑が「ニューヨークタイムズ」等、米国の言論で報導された。米国は「弁明の余地がない」と言って疑惑を認めて謝罪したのに、韓国側は米国側による盗聴がなかったかのように覆い隠そうとした。このような屈辱的な態度を取ることで、米国の歓心を買おうと判断したとすれば、そんな国家は誰からも尊重されないだろう。

また、尹錫悦政権発足当初に突然出てきた「新南方政策の廃棄」から私は衝撃を受けたものだ。

長らく韓国外交は米国、中国、日本、ロシアの四強に著しく偏重していた。それは韓国の地政学的な見地からは宿命的なものであるが、同時に乗り越えねばならない課題でもあり、数十年間それは指摘されてきた。とりわけ米中関係等、強大国との関係が変化すれば、途上諸国との関係も先んじたり、後《おく》れたりして発展している。そうした変化は韓国にも当然、対応が求められている。外交の変化は韓国の歴代政権の宿題でもあった。保守政権といえども同じである。

しかし、何ごとであれ特定国家に過度に依存すれば副作用が伴うものだ。先端素材部品の装備についても、日本への依存が日本の韓国に対する輸出規制をもたらしたし、それが韓国経済に衝撃を与えたのは2019年のことだった。偏重依存はそんな結果を生むのは当然である。

当時、文在寅政権は半導体の主要部分であるフッ化製品（レジスト＝感光剤、フッ化ポリイミド）の国産化と輸入の多変化（輸入を多国からする）を追求したし、それなりの効果はあった。現在、韓国経済の中国への過度の依存はいかなる結果を生むのかが、韓国は試されている。「多変化」は特定国家に対する過度の依存を緩和するという意味も含んでいるのだ。

文在寅政権の新南方政策と新北方政策は、外交の多変化という永い間の韓国の課題を時代の流れに合うように新しく体係化したものだ。新北方政策はウクライナ戦争によって現在進められないとしても、新南方政策はけっしてそうではない。それは外交の多変化の反映であり、その成果も具体的に表れている。東南アジアは世界的に見ても高度成長地域である。そうであるならば、新南方政策を廃棄するのではなく、それどころかさらに発展させながら、その基盤の上に新しい政策を重ねるのが国益に添うというものだろう。

尹錫悦政府は「新南方政策廃棄」を公けにして六か月以上たった後に、新たに「インド太平洋戦略」を打ち出した。しかし、その内容は今ひとつ明確ではない。

米国は「アジア太平洋戦略」から「インド太平洋戦略」へと転換したが、しかし、別もののように見える。その内容からすると、米国も誠実でなかったが、韓国はそれに輪をかけたものだった。

新南方政策をインド太平洋戦略へと転換、インド太平洋政策をまずきちんと整理し、既存の新南方政策を発展的に打ち出したと説明しなければならないだろう。そうしてこそ、新南方政策に注目してきた東南アジア諸国からも信頼を勝ち得るだろう。

そうした段階を踏まないで、新南方政策の廃棄を唐突に公けにし、それからほどなくしてインド太平洋戦略を発信するのは、主権国のやり方としては粗雑であり、短兵急だと言わざるを得ない。私は、尹政権のそんなやり方が東南アジア諸国の信頼を失わないことを切に望んでいる。

# 第2章　絶えない北朝鮮の核危機と平和のための決断

生存は本能である。それは人間も国家も同じである。国家の運命も生存という本能を前提にしている。ある国家は「防衛」だと言っても、相手国は「攻撃」として受け取ることもあるのだ。それが生存本能から出発した「安保」という概念の生まれながらの属性なのだ。

今まで南北（韓国と北朝鮮）ともに生存本能を前面に出してきた。南北は国際秩序の荒波に巻き込まれ、分断して対立してきた。そんな中でもそのあい間を縫って、間欠的だが対話をもち、和解したこともある。南北は長い間の対峙とわずかだが対話をもち、南北それぞれの道を歩んできた。

出口の見えない北朝鮮の核危機、そして対話していても、衝突して元の振り出しに戻る南北関係、韓半島の平和に対する周辺諸国の意図的な放任、このような状況の中で韓国や米国等の関連諸国はいったいどうすればいいのだろうか――。

## 【1　北朝鮮の核武装】

しばしば「歴史の正義」が語られる。しかし、歴史はいつも正義なのではない。

韓半島問題がその証拠である。

## 歴史的文脈

韓半島は35年もの間、日本の植民地支配を経験した。あれほど強固なものと思われた日本支配も、米国の原子爆弾二発で無条件降伏した。北朝鮮の金日成が初めて核の威力に気づいたのはこれによってである。

1945年日本の降伏によって第2次大戦が終わるや、連合国は東西に分裂し、国際政治は力関連がむき出しになった。東側と西側は加害者の日本ではなく、被害者の韓半島を二つに分けてしまった。ヨーロッパで加害者のドイツが分断されたのとまったく様相が違った。ドイツと日本は同じく第2次世界大戦の戦犯国だったし、また敗戦国であり加害者であった。

1950年、北朝鮮は六・二五朝鮮戦争を起こした。この戦争によって南北はともに廃墟となったが、米国の圧倒的な爆撃を受けた北朝鮮の被害がより深刻だった。北朝鮮は人口の20％、都市の50％、社会基盤施設（インフラ）の80％を失った。朝鮮戦争は三年余り続けられた後、「終戦」ではなく「停戦」となった。その時以来、韓半島は準戦時状態に置かれている。それから既に70年もたった。朝鮮戦争直後に韓国は、世界の最強大国の米国と軍事同盟を結んだ。韓米両国は合同軍事訓練を毎年のように実施した。それは韓国防衛のためであった。しかし、トランプ大統領が言ったように朝鮮戦争を経験した北朝鮮としては、韓米合同訓練に脅威を感じているだろう。米国は１９５８年から９１年まで、韓国に最大９５０個の戦術核を配置した。戦術核は韓国にとっては防衛のためのものであったが、北朝鮮としては核の脅威として認識されたのである。

米国が韓国に配置した戦術核をすべて撤収した１９９１年は、ソ連の解体で冷戦が終焉した年だった。１９８８年のソウルオリンピックに中国、ソ連、東欧諸国が参加したが、それは冷戦崩壊の初の信号だった。

１９８９年にベルリンの壁が崩壊し、１９９０年ドイツが統一した。そんな流れに乗って韓国は１９９０年にソ連と、１９９２年に中国と国交を樹立した。引き続き韓国は東欧、中央アジア、東南アジア、アフリカの30余か国と国交を樹立した。韓国は外交とともに経済の次元でも社会主義国へと関係を広げて輸出を増大させ、高度経済成長にひた走った。

この状況に北朝鮮はあせった。1991年に南北はともに国連に加盟し、南北基本合意書と韓半島非核化共同宣言を締結した。韓国が中国、ソ連と国交を樹立したように、北朝鮮も米国や日本と国交を樹立したかった。北朝鮮は友邦国の中国、ソ連を韓国に開いてあげたのに、米国、日本と国交を結ぶことが出来なかった。韓国は北朝鮮が米日と国交樹立することに反対しないと公言しながら、実は後ろでは牽制した。当時私は、東亜日報の東京特派員だったが、自民党の石井一衆議院議員らの一部がこうしたことに反対した。米国も北朝鮮との国交樹立を拒絶した。

米国は脱冷戦時代をもたらし、韓国は脱冷戦の受益者となった。しかし、北朝鮮に対してはいぜんとして冷戦思考を堅持した。韓米両国は脱冷戦にも拘わらず1992年まで中断していたチーム・スピリット（韓米合同軍事訓練）を1993年に再開した。1993年のチーム・スピリット中、北朝鮮は核拡散防止条約（NPT）からの脱退宣言をした。それが第1次北朝鮮核の始まりだった。

そうした文脈から、北朝鮮が、生存不安と安保被害意識を背景として核開発に進んだと見るのが合理的だ。さらにそれを金日成の「主体思想」が宗教のように作用したし、金正日の「先軍政治」に引き継がれたのだ。

当初から北朝鮮は、国家の生存と運命のための理念と体系を、特殊な形で打ちたてていった。北朝鮮は「主体思想」を国家の在立と経営の基本とした。主体思想は国家のみならず個人の行為までも支配した。金日成が抗日戦争当時に着想し、1950年代から演説を通じて強調した主体思想は、北朝鮮では宗教のような唯一思想となった。ジョージワシントン大学の朴漢植名誉教授の著書によれば、主体思想は「政治での自主、経済での自立、国防での自衛」を基本概念にしていると言う。文化でも建築でも果てはヘアスタイルにも「主体」が登場した。

国防における自衛は、核開発へと向かい思想的土台となった。金日成は朝鮮戦争直後から核開発を模索した。金日成は1975年に毛沢東主席から核開発についての話を直接聞いた。朴漢植によれば、病気見舞を兼ねて訪れた金日成に対して、毛沢東は「石油と原子爆弾が一番重要だ。その二つさえあれば、どこへ行っても大口が叩ける。それがないといくら格好よく振舞っても国際政治は認めてくれない」と言ったという。毛沢東は1964年、中国で初の核実験に成功した時、「いずれにしても使えないモノだ。米国とかソ連が我々が核保有国だということを認めてくれさえすればいい」と言った。

1994年に金日成が死亡すると、金正日は「先軍政治」を打ち出した。金正日は先軍政治で軍部を掌握しながら一方で核開発に拍車をかけた。2006年10月9日には第1次核実験、2009年5月25日には第2次核実験を敢行した。

## 第1次北朝鮮核危機

危機はずっと昔からはらんでいた。第1次北朝鮮核危機は1993年に始まった。しかし、北朝鮮はそれよりもずっと以前から核武装を準備していた。

北朝鮮は1954年に人民武力部の下に核兵器防衛部隊を新設した。それは、朝鮮戦争中に既に核武装の必要性を感じていたことを物語っている。北朝鮮は

１９５５年に原子および核物理学研究所を設置した。そして、１９５６年にはソ連と核研究協定、原子力協定を結んだ。

１９６２年の「キューバ危機」でソ連は自らその主張を矛に収めた。それを目の当たりにした北朝鮮は自主国防と主体思想を打ち出し、核研究施設を平安北道の寧辺《ヨンピョン》に造った。さらに１９６３年には、ソ連から研究用原子炉を導入して１９６７年に稼働に入った。１９７６年にはエジプトからスカットミサイルを導入した。１９８４年には自主開発したスカットミサイルの発射に成功した。

北朝鮮は１９８５年、ソ連の求めで核拡散防止条約（ＮＰＴ）に加入した。その時北朝鮮は核開発を放棄しようとする考えはなかった。ソ連から核開発を含む軍事的、経済的資源を援助してもらうためであった。

１９８９年、東欧社会主義諸国は揺れ動いていた。同年9月、北朝鮮の核施設がフランスの産業衛生ＳＰＯＴ2号により撮影され､公開された。それによって、北朝鮮の核問題が初めて水面上に浮かんだのである。その頃米国は、北朝鮮が使用済核燃料から核兵器を造れるプロトニュームを抽出できるようになったという情報を入手した。

１９９０年初めの冷戦崩壊は、韓半島における非核化共同宣言と国際原子力機構（ＩＡＥＡ）の北朝鮮の核査察をもたらした。ＩＡＥＡによる北朝鮮の核査察は、１９９２年5月25日から１９９３年2月6日まで、六回にわたってなされた。ＩＡＥＡの査察は北朝鮮としては核危機の呪《のろ》いのようなものであった。１９９３年2月、ＩＡＥＡが査察を終えたが、北朝鮮は申告すべきものをせず、その上核施設の重要な所を隠したので、ＩＡＥＡはさらに特別査察を追加せねばならないと主張した。だが北朝鮮は、ＩＡＥＡが米国にそそのかされて北朝鮮を殺そうとしていると反発した。

これに対して韓米両国は、１９９２年まで中断されてた合同軍事訓練の「チーム・スピリット」を１９９３年に再開することを決定した。ちょうど韓米ともに権力の交替時期であった。米国では１９９３年1月にクリントン大統領が、韓国では2月に金泳三大統領が就任した。そして、北朝鮮はチーム・スピリットが行われていた１９９３年3月8日にＮＰＴ脱退を宣言した。

そのように、第1次北朝鮮核危機が急迫して展開された。米朝、韓米、南北の協議が進展と膠着を反復しながら続いた。協議は北朝鮮のNPT脱退の留保とIAEA査察を受け入れること、その見返りとしての米韓の1994年度のチーム・スピリットの縮小と対北軽水炉の提供を中心に続けられた。しかし、北朝鮮側の「ソウルを火の海にする」という発言と米韓内部における強硬な態度により、緊張が再び高まった。クリントン政権の中には北朝鮮への先制攻撃さえ出ていた。

状況は前進と後退をくり返した。最も大きな前進は、1994年6月15〜18日のカーター元大統領の平壌訪問だった。カーターは金日成と二度にわたって会談をもった。そして金日成は、北朝鮮の核プログラムの凍結を約束した。二人は、その年の7月中に南北首脳会談を開くことに合意した。金泳三大統領と金日成主席の首脳会談のための南北実務会議が開かれた。しかし、金日成は7月8日急死した。カーターの訪韓がなされたのは、ジョージア大の朴漢植教授の説得と金大中アジア太平洋平和財団理事長（当時）の公開提案（1994年5月12日のワシントン・ナショナル・プレスセンターでの会見）が功を奏したからである。

金日成カーター会談以後、韓米協議がスイスのジュネーブで急速に進められた。1994年9月23日~10月21日の米朝高官級会談は「ジュネーブ合意（アグリード・フレームワーク）」へと至る。北朝鮮はNPTに完全復帰し、すべての核施設に対するIAEAの査察を認め、核活動を全面的に凍結し、既存の核施設を究極的に解体することに合意した。米国は北朝鮮に1000メガワット級の軽水炉二基を2003年までに提供し、軽水炉が完成するまで、毎年原油50万トンを北朝鮮に提供することにした。米中は政治的、経済的関係の完全な正常化を追求することにも合意した。10月21日に、ジュネーブ合意が公式的に結ばれたのである。

ジュネーブ合意に基づいて韓国は北朝鮮の軽水炉のための法律をつくり、1995年1月に軽水炉支援の企画チームを設置した。1995年3月、韓米日三国は軽水炉事業を推進するべく、韓半島エネルギー開発機構（KEDO）設立協定を、その年12月にKEDOと北朝鮮は結んだ。それは歴史上最大規模の対北事業であった。事業費の負担は、韓国70％、日本22％、米国およびその他の関係国が8％となった。

咸鏡南道琴湖《クモ》地域の550万㎡（166万坪）の敷地に、2001年9月に軽水炉工事が開始された。しかし北朝鮮の高濃縮ウラニューム（HEU）疑惑が明るみに出ると、ブッシュ政権は2003年12月、軽水炉工事を中断した。工事は34・5％出来上がっていた。2006年12月12日、軽水炉建設は公式に終了した。それはジュネーブ合意の公式的終了であった。米国の北朝鮮への重油供給も1994年11月に米国の中間選挙で共和党が上・下院で勝利すると遅延するようになった。紆余曲折を経ながらも米国の重油供給は続いたが、2002年12月12日に中断された。

こんなに安易に崩れるなら、どうしてそんな壮大なジュネーブ合意にまで至ったのか。米国側では金日成の急死によって北朝鮮体制が軽水炉建設以前に崩壊するものと判断していたという証言が出た。いずれにせよジュネーブ合意は履行しなくてもよいと考えたのである。

クリントン政権の鷹揚な対処と金大中大統領の就任（1998年2月）によって緊張が管理された。金大中はクリントンとともに対北朝鮮政策を緊張感をもって調整した。

１９９８年8月、北朝鮮はテポドン（ミサイル）を発射し、琴昌里地下施設疑惑が米国の言論に報道されるようになると、北朝鮮の核問題がまた緊迫した。クリントンはペリー前国務長官を対北政策調整官に任命し、対北朝鮮政策を再調整した。１９９９年5月、ペリーは北朝鮮を訪問し、趙明録第１副委員長らと会った。10月には対北抱容を基調とする「ペリープロセス」を公にした。

２０００年6月13日から15日まで、金大中大統領は平壌を訪問し、金正日国防委員長と歴史上初めての南北頂上会談を開いた。金大中大統領は金正日国防委員長に北の核とミサイル問題を挙げた。これに対してクリントンは感謝を示し、南北首脳会談を評価した。南北首脳会談によって韓半島には和解と協力の流れが高まった。１９９８年11月に始まった金剛山観光によってこの流れを加速化した。２０００年8月には韓国の現代峨山と北側の公式合意によって開城団建設の基礎が出来上った。

２０００年10月に北の趙明録第１副部長の訪米とオルブライト国務長官の訪朝

へとつながった。これは歴史上初めてのことであった。二人の共同声明を通じて、北朝鮮の長距離ミサイル開発の中止、両国の敵対関係の解消、米国の北体制の保障と国交樹立、韓半島平和体制の構築のための四者会談、米国の対北朝鮮経済の支援、クリントンが訪朝することによって金正日委員長との首脳会談を行うことに合意したと発表した。

しかしこの合意はすぐに崩れた。クリントンは自身が絡む国内問題で訪朝できなくなったのだ。２００１年１月にはブッシュ大統領が就任し、クリントンの政策はご破算となり、新政権は対北強硬政策を敷くようになった。後日クリントンは、金大中大統領とソウルで会い「当時、私に一年の有余さえあったなら、韓半島の運命は変わっていただろう」と言ってとても残念がっていた。このことを林東源国家情報院長は回顧している。韓半島の問題を解説するために金大中大統領が仲裁し、クリントン大統領が主導した米国の最も真摯な関与（エンゲージメント）は、こうして虚しく終わったのだった。

## 第2次北朝鮮核危機

２００１年１月、ブッシュ大統領が就任した。その年の9月11日、イスラム原理主義勢力は乗っ取った航空機でニューヨークの世界貿易センタービルに体当たりし、２９９６人（テロ犯の十九名を含む）の命を奪った。いわゆる「九・一一」テロである。ブッシュ大統領はテロに対する戦争を宣言する等、極度に強硬に対処した。

ブッシュ大統領は２００２年１月29日の年頭教書の中でイラン、イラク、北朝鮮をテロ支援国と指定して「悪の枢軸」と称した。ブッシュ政権は２００１年の核態勢報告書の中で、核兵器の標的となる「ならずもの国家」として北朝鮮や中国等を指定するとマスコミに報道された。一方の北朝鮮は「ジュネーブ合意の露骨な違反」だと猛烈に反発した。ジュネーブ合意で米国は、北朝鮮を核兵器でおどかしたり攻撃しないと誓っていたのだった。

２００２年10月３～５日、米国務省のアジア太平洋次官補だったケリーの平壌訪問によって第２次北朝鮮核危機が始まった。ケリーは北朝鮮が高濃度ウラニューム（ＨＥＵ）秘密プログラムを無効することによってジュネーブ合意に違反したと非難した。米ＣＩＡは、北朝鮮がウラニューム濃縮遠心分離施設に必要な物資を多量に購入したと主張した。しかしケリーの一か月後に平壌を訪問したドナルド・ユレーク前駐韓大使は、ケリーの主張に疑問を呈し、北朝鮮は新しい平和協定を望んでいると言った。

ブッシュ政権は北朝鮮がジュネーブ合意に違反したと断じ、北朝鮮に対する今後の重油供給を全面的に保留すると発表した。北朝鮮は核プログラムの凍結を解除し、寧辺の核施設を再稼働すると発表した。北朝鮮は寧辺の核施設の封印と監視カメラを取りはずし、ＩＡＥＡの査定団を追放し、ＮＰＴから最終的に脱退した。北朝鮮はジュネーブ合意に伴うプルトニュームプログラム封印を取りはずした。第２次北朝鮮核危機が激烈に展開された。

周辺諸国は米朝両国が対話することを強く望んだ。北朝鮮も、米国との二者協議を求めた。ブッシュ政権は、二者会談が北朝鮮に対する体制保障に利用されるとして拒否し、多国会談に執着した。盧武鉉と中国の仲裁により、南北と米・中・

日、ロの六者会談が2003年8月27日北京で始まった。北朝鮮は「言葉対言葉・行動対行動」の包括的合意を求めた。ブッシュ政権は完全かつ検証可能で不可逆的な非核化（CVID）を要求した。

六者会談は紆余曲折を経て、2005年9月19日合意に至った。この「九・一九合意」はブッシュ政権の非核化要求とは異なり、「韓半島非核化を検証可能な方法で平和的に達成する」と明示した。状況が急迫し、他の当事諸国の仲裁もあって、米国が譲歩したのである。北朝鮮はすべての核兵器と現存する核計画を放棄し、出来るだけ早い時期にNPTとIAEAの安全措置に復帰することを約束した。

米国も核兵器または通常兵器で北朝鮮を攻撃または侵攻する意思がないことを再確認した。北朝鮮を除外した五つの当事国は北朝鮮の平和的核エネルギー利用の権限を尊重し、適切な時期に軽水炉提供問題について論議することに同意した。日米は北朝鮮との関係正常化のための措置を取ることを約束した。

しかし、「九・一九合意」のまさしく翌日に、また暗礁が現れたのだ。米財務省は、北朝鮮の資金洗浄とドル紙幣の偽造に関連し、マカオ銀行バンコデルタアジア（ＢＤＡ）の北朝鮮口座にある２５００万ドルを凍結した。北朝鮮は六者協議から離脱し、またもや瀬戸際作戦に立ち戻った。北朝鮮は米国の独立記念日である７月４日に長距離ミサイルテポドン２号と中距離ロケットを発射した。そして10月９日一回目の核実験を行った。

北朝鮮の一回目の核実験は高濃度ウラニュームではなく、プルトニューム再処理によるものであった。ブッシュ政権が北朝鮮のＨＥＵ合意違反をこらしめるという名目でジュネーブ合意を廃棄し、北朝鮮にプルトニューム再処理施設の封印を解除したのが一回目の核実験を挑発させた。もし、ブッシュ政権がジュネーブ合意を守り、ＨＥＵを別の協議で処理していたなら、北朝鮮の一回目の核実験を防いだか、少なくとも遅らせることが出来たであろう。

二次北朝鮮の核危機は、ブッシュ政権の政策ミスであったという批判が米国内で出た。その結果、共和党は２００６年11月の中間選挙で惨敗し、強硬なネオコンの政治的影響力は一時的であったが、退いた。

北朝鮮の一回目の核実験に米国は驚いた。米国は北朝鮮の六者協議復帰とBDA問題解決のために2006年11月に北朝鮮との二者協議に応じた。2007年2月には六者協議を再開し、九・一九合意履行のための初期措置に合意した（二・一三合意）。それによれば、北朝鮮は寧辺のすべての核施設の稼働を中止して封印し、IAEAの要員を再び呼んで必要な監視と確認を受けることにした。

米国等五か国は北朝鮮に六十日以内に重油5万トンの供給を開始する等、エネルギーを緊急支援することにした。米朝関係正常化等のための実務チームも作り、稼働することにした。

10月には二段階措置にも合意した（十・三合意）。それによれば、北朝鮮は2007年12月31日まで寧辺の三つの施設（5MW実験原子炉、再処理工場、核燃料棒製造施設）を含むすべての核施設を不能化することにした。その代わり米国は、北朝鮮をテロ支援国と敵国貿易法適用対象から除し、100万トンの重油を北朝鮮に提供することにした。2008年6月27日、北朝鮮は寧辺原子炉冷却塔を爆破する場面を世界に放映した。米国は北朝鮮をテロ支援国から削除し、敵国貿易法による北朝鮮制裁を解除した。ブッシュ政権はCVIDの要求の代わりに、より現実的な方向へと転換した。

するとまた暗礁が現れた。ブッシュ政権は核プログラムと関連すると見られるすべての敷地と施設、または場所に対する十分な接近、米国の監視要員の写真及びビデオ撮影と必要なだけの査察官の滞留及び再訪問の許容を北朝鮮に求めた。それは六者協議の合意を越える要求だった。六者協議の代表団（首席代表はクリストファ・ヒル）の合意に反対したチェニー副大統領等の強硬保守派が背後で動いたのだ。北朝鮮はもちろんのこと中国、ロシア、韓国も米国の強硬な態度が会談を膠着させるものと憂慮した。

このように六者会談で重要な合意がなされれば、その合意を壊すほどのことが米国で続いて出てきた。韓半島の緊張緩和を望まないディープ・ステイト（陰の実力者）が軍産複合体の支援と影響を受けて会議をぶち壊したという観測が出てきた。

2008年の夏以後、ブッシュ大統領はレーム・ダック（死に体）となった。

一方、金正日も脳卒中に苦しみ権力の世襲を急いだ。韓国ではその年の2月25日に就任した李明博大統領が、金大中→盧武鉉政権の対北朝鮮政策とそれまでの成果を強硬な対北政策に変えた。こうして、2008年12月8日、六者会議は公式に終了した。

## 北朝鮮核危機の常態化

もう諦めるべきなのか、もしくは適応すべきなのか。二回目以後には北朝鮮核の危機に回数はつけられなかった。北朝鮮の核は既定の事実となり、危機は常態化したのだ。

2009年1月20日、米国ではオバマ大統領が就任した。北朝鮮は就任初期のオバマ大統領を試すかのように、多段階テポドン―2ロケットを試験発射し、二回目の核実験（2009年5月25日）を敢行した。米国は国連安保理決議を通じて北朝鮮に対する経済制裁を強化した。オバマ大統領は北朝鮮を相手に、過去のようなことを反復しないと宣言した。

２０１０年３月26日、黄海の白翎島西南の海で韓国海軍の哨戒艦「天安艦」が北朝鮮の潜水艦が放った魚雷で爆破され、沈没した。韓国海軍将兵六名が死亡または失踪した。その年11月23日、北朝鮮は日本海側にある延坪島を砲撃し、軍人と民間人四名を死亡させた。オバマ大統領は韓米日共調を強め、米韓合同軍事訓練を実施することで対応した。

２０１１年７月、オバマ政権は北朝鮮と二者会談を開始した。その年の12月17日に金正日委員長が死亡し、息子の金正恩が権力を継承した。米朝会議は一時中断されたが、すぐに再開された。２０１２年年２月29日「二・二九合意」を通じてオバマ大統領は北朝鮮に対して敵対的意思のないことを宣言し、24万トンの食糧支援を約束した。北朝鮮は核実験、長距離ミサイル発射、寧辺核施設でのウラニューム濃縮の中断し、ＩＡＥＡ査察を再び受け入れを約束した。

しかし状況は再び反転した。２０１２年年４月13日、北朝鮮は長距離ロケット銀河―３号を発射したが失敗した。北朝鮮は金日成誕生百周年を記念する衛星発射だと主張した。オバマ政権は「二・二九合意」の無効化を宣言し、北朝鮮との非核化協議を終えた。オバマ政権はそれ以後の政策を「戦略的忍耐」と名づけた。それは北朝鮮に対する体制を継続させるだけで、他の協力はしないというものであった。

２０１１年11月オバマ大統領はミャンマーのヤンゴン大学で演説し、北朝鮮に「手を差し伸べる」と表現して会議の提案をしたが、効果はなかった。北朝鮮は銀河―3号ミサイルを発射し成功させた。三回目の核実験（２０１３年2月12日）も成功した。それで、オバマ政権は米韓共調を強化し、北朝鮮をさらに多くの制裁と孤立と軍事訓練によって圧迫した。オバマ政権の「戦略的忍耐」は、北朝鮮に対して制裁と圧迫を強化して、北朝鮮を対話テーブルに出させようとするものであったが、それは成功しなかった。

北朝鮮は核実験をそれまで以上に頻ぱんに実施し、また成功させた。四回目の核実験（２０１６年1月6日）、五回目は（２０１６年9月9日）、六回目は（２０１７年9月3日）と続いた。その度ごとに、北朝鮮はＩＣＢＭとＩＲＢＭ、水素弾へと核能力を発展させたと発表した。ミサイル発射はさらに頻繁となった。

ミサイルも高度化された。２０１７年11月29日、北朝鮮はＩＣＢＭ火星15型試験発射を成功させたし「核兵器の完成」を宣言した。

２０１７年１月20日、トランプ大統領が就任した。

トランプ大統領はシンガポールで金正恩委員長と歴史上初めて米朝首脳会談（２０１８年６月12日）を開いた。その結果は、核心的な議題に触れるものであったが、宣言的でしかなかった。新しい米朝関係の樹立、韓半島の平和体制構築、韓半島の完全非核化、朝鮮戦争時の米軍兵の遺骨送還がそれだ。

金正恩委員長とトランプ大統領はハノイでまた会談をもった（２０１９年２月27～28日）。結果は無残なものだった。ハノイ会談で北朝鮮は、寧辺の核施設を解体する代わりに五つの経済制裁を解除してほしいと米国に求めた。トランプ大統領は会談を蹴って出た。トランプ大統領は北朝鮮が経済制裁解除を最も重要視するのは、経済制裁を維持すれば北朝鮮はＣＶＩＤを受容するものと判断した。彼は寧辺の核施設の解体だけでは足りないと言ったのだ。

寧辺核施設は北朝鮮の核能力の90％を占めている。もしも、米国が北朝鮮提議受け入れて五つの経済制裁を解除し、寧辺の核施設を解体していたら、北朝鮮の核問題は大きく変わっていたことだろう。しかし、米国は北朝鮮の要求に応じなかった。米国が非核化協議をするよりもかえって壊そうとしたという観測も出た。ハノイ会談の日、米議会ではトランプ大統領にきわめて不利な聴聞会が開かれた。協議の決裂で聴聞会のニュースを覆い隠そうとしたのではないかという観測だった。

特に会談に先立ってホワイトハウスの国家安保補佐官のボルトン氏は「リビアモデル」を挙げて金正恩委員長を圧迫した。リビアモデルとは、リビアが先に完全非核化を実行し、その後で補償をしてもらうという「先非核化、後補償」であった。しかしリビアでは2011年、NATOの支援を得た市民が反政府デモを繰り広げ、その過程で指導者カダフィーが殺された。それを知っている北朝鮮はリビアモデルを受け入れることはなかった。

しかしながら、トランプと金正恩の二人はハノイ会談が決裂して4ヵ月目の6月30日、板門店で再び会った。金正恩はトランプに対する未練をまだ捨てていなかったようだ。しかし成果はなかった。

それ以後は南北も米朝も外交的接触をしていない。2021年年1月、米国ではバイデン大統領が就任したが、明確な対北朝鮮政策を出していない。就任21ヵ月が過ぎた2022年10月になってやっと国家安保戦略（NSS）の報告書で、外交安保政策を発表したのはいいが、その中心は韓半島ではなかった。中国経済とウクライナ戦争にいかに対処するかに圧倒的比重を置いていた。

バイデン政権は北朝鮮政策を再検討すると述べたものの、就任して二年余りたっても再検討結果も、意味ある行動も示していない。北朝鮮は米国の政権交代以後、挑発を少し自制し、米国新政権の動向を見守った。しかし、米国は何の行動もしなかった。2022年に北朝鮮はICBMを含む弾道ミサイルだけでも69発も発射するなど、挑発を極端に強化した。

## 【2　南北関係の進展と挫折】

歴史に直進はない。時には直進し、時には前進し、時には後退し、時には迂回する。しかし、南北朝関係においては、前進より後退のほうがずっと進んだ。

## 南北関係の進展

韓半島における政治の流れには転換の機会が何度かあった。国内政治に作用したという指摘が後日出たが、朴大統領の七・四南北共同声明（1972）と六・二三宣言（1973）は国内外を驚かせた。それは（南北）の相互体制を認めることが含まれていた。北方政策を意欲的に繰り広げた盧泰愚政権の南北基本合意書と韓半島非核化共同宣言採択（1991年12月）は、冷戦崩壊という当時の国際情勢に符合した画期的な反映であった。ただそれらは宣言や合意通りに履行されなかった。盧泰愚政権のソ連との国交樹立、中国との国交樹立と南北の国連同時加盟は実際に成し得た歴史の進展であった。

金大中大統領は、就任した1998年2月25日以前から提唱していた「太陽政策」を基調とする対北抱容政策を実施した。金大中は、北朝鮮の金正日委員長と韓半島の分断以後、初めて南北首脳会談を開いた（2000年6月13～15日平壌）。

二人の指導者は会談の最後の日に発表した六・一五宣言を通じて「南側の連邦制案」と北側の連邦制度案は互いに共通性があると認め、この方向で統一を指向していくことにした」とし、統一法案についてまで合意したことを明らかにした。

盧武鉉大統領は、金正日国防委員長と歴史上二度目の南北首脳会談を行った（2007年10月2〜4日平壌）。その結果発表がされた十・四宣言は北朝鮮の非核化に関する2005年の六者会談の合意（九・一九共同声明）履行を言及することにより北朝鮮の核問題を南北頂上会議の結果に初めて公式に反映させた。盧武鉉大統領は平壌訪問の10月2日、分断以後初めて軍事分界線を歩いて越えた。

文在寅大統領と金正恩国務委員長は、2018年4月27日に板門店、5月26日に板門店、9月18〜20日に平壌で続けて会談をもった。南北は三度にわたって首脳会談を通じ、多くのことに合意した。文在寅・金正恩の四・二七板門店宣言は、金大中・金正日の六・一五宣言（2000）、盧武鉉・金正日の一〇・四宣言（2007）を再確認し、南北関係の改善・戦争危険の解消、韓半島の非核化、平和体制構築等十三の項目について合意した。文在寅・金正恩の九・一九平壌宣言は四・二七板門店宣言を具体化した。

２０１８年4月27日、文在寅大統領と金正恩委員長は板門店の徒歩橋50メートルを一緒に歩いて渡り、30分間二人だけの対話を持った。その場面は世界に余すことなく放映された。２０１８年の9月19日の夜10時25分から、平壌の綾羅島五・一総合競技場で、文在寅大統領は十五万人の北朝鮮住民の前で演説をした。翌日の9月20日には文在寅・金正日の南北首脳が夫人と一緒に白頭山に手を取り合って登った。これらは歴史的事件であった。

南北は２０１８年4月27日の板門店宣言を履行するために、軍事合意をその年の9月19日に平壌で発表した。それは一切の敵対行為を全面的に中止する等の意欲的で画期的なものであった。軍事分界線一帯の軍事練習の中止、非武装地帯（ＤＭＺ）一キロ以内の監視哨所（ＧＰ）の完全撤収も含まれた。文在寅政権五年間、ＤＭＺと黄海上で南北の間の軍事的衝突はまったくなかった。

## 南北関係の挫折

進展するのは難しく、挫折するのは簡単だ。成し遂げることは遅いし、破滅は早い。破綻の要因があちこちに隠れていたが一度に破裂した。

南北関係は米朝関係の破滅とともに、文在寅政権の後半期からまた困難に陥った。文在寅政権の最も見るべき成果として設置された南北共同連絡事務所は、19ヵ月目の2020年6月、北朝鮮の爆破でなくなった。38度線の軍事分界線付近でくり広げられた韓国内の一部脱北者団体の対北非難ビラの散布が、南北合意の違反だと言って、連絡事務所爆破の口実にされた。

金大中政権が始めた金剛山観光は、2008年7月に、李明博政権が中断した。金大中政権が基礎を作り、盧武鉉政権が開始した開城工団は2016年2月、朴槿恵政権が閉鎖した。民主党政権が始めた三大南北交流（金剛山観光、開城工団、南北共同連絡事務所）はすべてなくなった。

南北の経済協力は、米国と国連の対北朝鮮制裁によって塞がれた。文化交流とか人道的支援は北朝鮮の拒否によって制約された。北朝鮮は、米国の対北制裁解除を韓国が助けてくれることを期待した。しかしそれが成されないとなると、南北間の対話と交流協力を拒否した。

2022年、南北は「力対力」の対峙で終始した。北朝鮮はかってよりももっと頻繁にミサイルを射って挑発した。それを韓国は「常時挑発」と見なした。この年の5月に就任した尹錫悦大統領は、8月19日の光復記念日の祝辞で、北朝鮮が非核化する段階に従って大規模な経済支援をすると北朝鮮に提案した。尹錫悦政権はそれを「大胆な構想」と呼んだ。これに対して北朝鮮は、金与正副部長の口から尹錫悦大統領を謀逆的な言辞だとして非難し、その提案を拒否した。

9月8日、北朝鮮の最高人民会議は核政策を法制化した。その席で金正恩委員長は、核を放棄することも、非核化協議もしないと宣言した。彼は、米国の目的である「究極的には核を廃絶させて自衛権の行使力まで放棄、あるいは劣勢にすることによって北朝鮮政権をいつかは崩壊」させようとする策に乗らないために、「絶対」に核を放棄することはないと言った。金正恩委員長は、米国の究極的目的は北朝鮮体制の崩壊だと言い切った。それは、米国に対する極度の不信を表したものだ。しかしそれは、体制保障こそが非核化協議の条件だという意味にもなる。

北朝鮮の核政策の法制化は初めてではない。２０１２年年４月に改正した憲法前文に「核保有国」を名文化した。２０１３年４月には「核保有法」を制定した。さらにそこへ、北朝鮮が２０２２年９月核武力政策法令を採択した。この時、金正恩委員長は「誰も我々の核武力に対して是非を言ったり、疑問視することが出来ないようにするため」であり、「核保有国として我が国の地位が不可逆的なものになった」とまで言ったのだ。その法令は、北朝鮮に対して核攻撃があった時ばかりでなく、臨迫したと判断した時も核を使えることが出来ることを意味し、核の使用の条件を拡大させたのである。

尹錫悦大統領は10月1日の韓国軍の記念日に、北朝鮮の挑発に対する強力な反発の意思を明らかにした。尹大統領は北朝鮮に向けて「核兵器の使用を企てるなら、韓米同盟と我が軍の、圧倒的対応に直面するだろう」と警告し、韓米連合訓練を強化すると言った。

尹大統領はまた、韓国型三軸体系を早急に完成したことを明らかにした。

北朝鮮の核ミサイル攻撃あるいは脅威に対応する韓国軍の対応体系を言う三軸体系とは、①有時に先制打撃するキル・チェーン（Kill Chain）、②発射されたミサイルを迎撃する韓国型ミサイル防禦体係（KAMD）、③弾導ミサイルを大量に発射し、報告する大量報復策（KMPR）のことである。

米国は北朝鮮の挑発に対応した拡大抑制力で防御を強化しながら同時に対話を模索するものだと言った。2023年10月12日、バイデン大統領は就任21ヵ月目に公けにした国家安保戦略（NSS）報告書でこう明らかにした。

「北朝鮮は不法的なミサイルプログラムを引き続き拡大している。我々は北朝鮮の大量殺傷兵器とミサイルの脅威に直面して拡張抑制力を強化する一方、韓半島の完全非核化に向けた可視的な進展を成し遂げるために北朝鮮との持続的な外交を模索するだろう。インド太平洋条約同盟諸国に対する我々の堅固な約束を再確認する。オーストラリア、日本、韓国、フィリピン、タイ等との同盟関係を持続的に近代化するだろう」

2022年夏以後は、南北の武力行動がともに激烈化した。韓国の陸地と日本海では２０１７年以後４年７ヵ月目に大規模軍事訓練がくり広げられた。２０２２年8月から11月まで４ヵ月にわたって米韓、韓日米、または韓国軍だけの訓練が続いた。８月には米韓の「乙支自由防衛（ＵＦＳ）」連合訓練が、９～10月には米韓連合海上訓練が、10月には韓国軍だけの護国訓練が続けて実行された。

９～10月の米韓連合海上訓練では韓国の駆逐艦の文武大王艦と米国の核空母レーガンが参加した。10月６日には韓日海上戦略とともにミサイル防衛訓練を、７～８日には韓国海軍と機動訓練を共同で行った。９月30日には独島（竹島）から150キロ離れた公海上で、日本の海上自衛隊が駆逐艦あさひを先立てて訓練した。

北朝鮮は２０２２年に入って、これまでにないほど頻ぱんにミサイルを発射して緊張を高めた。韓国側の連合軍事訓練は以前の通りであったが、そこへ米国と日本まで参加するようになった。韓国の大規模軍事訓練が４ヵ月にわたって続けられると、北朝鮮は一層激烈に対応してきた。北朝鮮は２０２２年にＩＣＢＭを含む弾導ミサイルだけで69発も発射した。これはこれまで最大の記録である。ただ北朝鮮は２０２２年まで７回の核実験しかしなかった。米韓の首脳は、高位級拡散抑制戦略合議体（ＥＤＳＣＧ）を再稼働することに合意した。

米国が北朝鮮の非核化に失敗した上に、北朝鮮が核能力を高度化してミサイル挑発を常時化すると、韓国国内では核武装の主張が頭をもたげた。米国が１９９１年に韓国から撤収した戦術核を再び配置するか、韓国が独自に核兵器を開発しなければならないというのである。世論調査でもかつてよりも賛成の比率は高まった。賛成が70％を上回ることもあった。

核武装論の背景の一つとして作用したのが、米国の核の傘や韓国の三軸体係に対する疑問であった。もし北朝鮮のＩＣＢＭが米国本土に到達するなら、米国の核の傘で韓国を守ることが出来るかという疑問であった。また、もし北朝鮮が固体燃ミサイルで発射するようになると、韓国の三軸体系がどう対応出来るのかという疑問であった。韓国の三軸体系は、北朝鮮がミサイルに液体燃料を注入する30分の間に発射の兆しを探知し、先制攻撃するという計算から設置されているのであるが、固体燃料であれば状況は異なるからだ。

私は基本的に韓国が現在、非核化政策を放棄して核武装しようとする考えには反対だし、もとより韓国の核武装は米国が反対するので可能ではない。それでも韓国が核武装をするというなら韓米関係は悪化するだろうし、また国際社会から韓国は経済制裁にあうだろう。私は、韓国の専門機関がいくつかの安保状況を想定した複数のロード・マップを米国と協議して準備することを提案したい。そんな準備もせずに、論争をくり広げる韓国の政治文化や議論は望ましくない。

## 【3　関連諸国のミスと課題】

人々は最善の判断をしようと努力する。指導者たちはさらにそうだ。しかし、歴史は指導者たちのミスによって迷走するものだ。1993年の第1次北朝鮮核危機以後30年の歴史がそれを物語っている。

核武装が体制生存のための選択だとしても、それによって北朝鮮はあまりにも多くのものを失った。北朝鮮の核兵器は東アジアと世界の安定を脅かしてきた。北朝鮮は周辺国家を含む多くの諸国から警戒されるようになった。それは、北朝鮮を国際的孤立へと追いやっている。米国や国連等、国際社会は経済制裁を続けた。北朝鮮は、そうでなくとも貧弱な財政を、核とミサイル開発のために注いできた。2022年の1年だけでも、弾道ミサイル69発を射ちつづけて海に沈めた。そのすべては北朝鮮の経済成長と住民生活向上を阻止するものである。北朝鮮はそんな二重三重の苦痛を自ら招いたのである。

北朝鮮は国としての態度においても、国際的には受け入れられないやり方で絶えず問題を起こした。そんなやり方で会談を続けてきたが、その代価として対外的信頼を自ら落としてきた。まず、北朝鮮は韓国と米国の政権交替期ごとに核とミサイルで挑発した。

北朝鮮は緊張を高め、交渉の先手を確保しようと計算しているのかも知れない。しかしそんなやり方は、韓国と米国の歴代大統領（政権）から不信を買うしかなかった。もし、そんなやり方が北朝鮮にとって有利な先手になるものと判断したとするなら、それは間違った計算である。それは相手国政府の交渉の意思を初めからくじくからだ。

米国に対して北朝鮮は、クリントン大統領の就任直後の1993年3月、核拡散防止条約（NPT）脱退を宣言した。その二か月後には、中距離弾道ミサイル（IRBM）ノドン1号を射ち上げて武力示威をくり広げた。オバマ大統領就任直後の2009年5月、北朝鮮は二回目の核実験を敢行した。オバマの二期就任後の2013年2月には、高濃縮ウラニューム（HEU）を利用した三回目の核実験を行った。トランプ大統領就任直後の2017年2月には北極星2型とスカッドERミサイルを発射し、ミサイルエンジン実験もした。バイデン大統領就任直後の2021年年3月に、北朝鮮は弾導ミサイルを発射した。2022年5月、バイデンは韓国と日本を訪問し、帰国の途に就くやいなや大陸間弾導ミサイル（ICBM）と単距離弾導ミサイル（SRBM）を発射した。

韓国に対しても全く同じであった2003年2月の盧武鉉大統領就任の5日前

に、北朝鮮の戦闘機が黄海上の北方限界線（ＮＬＬ）を超えて武力示威をくり広げた。盧武鉉大統領就任の前日には日本海にミサイルを射った。２００８年3月、李明博大統領の就任一か月ほど過ぎた時、北朝鮮は黄海に単距離ミサイルを射った。２０１３年2月、北朝鮮の三回目の核実は朴槿恵大統領就任13日前だった。２０１７年5月の文在寅大統領就任直後に、北朝鮮は中長距離弾導ミサイルを射ったし、7月にはＩＣＢＭを発射した。２０２２年初め、文在寅大統領の任期の終了が迫り、大統領選挙の時期になると、北朝鮮はミサイルを集中的に射った。尹錫悦大統領就任20日後の２０２２年5月29日にはＩＣＢＭを含む弾導ミサイル三発を射った。

北朝鮮は特有の「瀬戸際戦術」で相手国や国際社会を揺さぶった。核実験やミサイル発射のような「瀬戸際戦術」は相手国を交渉のテーブルに出て来るようにし、譲歩引き出そうとした。そんなやり方によって、第1回目の北朝鮮危機にはカーターの訪朝とジュネーブ合意が、第2回目の北朝鮮危機には「九・一九合意」と「二・一三合意」が成された。しかし、惰性のようになってしまった「瀬戸際戦術」は、疲労を招き信頼を失った。信頼がなければ国家関係は協力的関係へと発展しない。

そうした北朝鮮は2018年5月、トランプ大統領が逆手を取ってやった「瀬戸際戦術」に逆にやられてしまう。

米朝シンガポール首脳会議の開催が合意されていた時期に、金正恩委員長は中国に二度も訪問し、習近平と二度も会談を持った。それによって、シンガポール米朝首脳会談の主導権が中国に移ったかのように映った。米朝実務会談はトランプの思い通りに進捗しなかった。するとトランプは、米朝首脳会談のキャンセルを電撃的に発表した。北朝鮮はこれに慌てた。韓国の仲裁等で6月12日にはシンガポール米朝首脳会談がなんとか開かれた。トランプは、相手国を揺さぶり、圧迫するやり方を「狂った戦術」と呼んだ。

相手国の政権が変わり、新しい指導者が就任するごとに核兵器かミサイルで挑発する国が、国際社会で「正常国家」と認められるのは難しい。

国家経済や国民生活よりも核とミサイル開発に主力をおいている国が、国際社会で協力の相手として受け入れられることも難しい。そんなことでは多くの諸国と友好関係を結び、貿易と経済協力をすることも容易ではない。そんなやり方は国家の発展を阻害し、国民の生活向上を制約するのは当然である。

## 韓国

北朝鮮の非核化協議は米国が主導したので、韓国の役割は制限されたし、問題が露呈する時も少なかった。しかし、そこに根本的な問題があった。韓国は韓半島平和の最大当事国でありながらも、北朝鮮の非核化のための主導力とか仲裁力をほとんど発揮できなかったことが間違いであった。

韓半島の平和の利益を最も多く得る国も、緊張の被害を最も多くこうむる国も韓国である。そうであるならば、韓国はそれ相応の役割を果たさなければならない。確かに、民主党政権は北朝鮮と首脳会談を含む対話をし、米朝間の仲裁のためにもいくらかは努力をした。しかし、民主党政権の仲裁は不十分であった。とりわけ、韓国の保守政府は米国を必要以上に頼って来たのである。米国は、トランプ大統領の即興的なトップダウン米朝首脳会議を除き、ブッシュ政権以後北朝鮮とはこれといった交渉も、交渉努力もしてこなかった。

韓国は自らの力量を高め、北朝鮮と常時対話する体制とパイプを備えねばならない。北朝鮮は対するパイプも、交渉の力量も北朝鮮と対話してこそ生じるのである。そうしたパイプと力量を持っていれば、韓国が米国等の国連国に対して主導力とか仲裁力を持つようになるのである。北朝鮮と対話せずして、大口ばかり叩いても問題は解決せず、米国等の関連国に言うべきことを言えるのではない。そんなところにも、韓国の保守政府は主導や仲裁の試みすらしないで、北朝鮮に対して大口ばかり叩いてきた。

金大中、盧武鉉、文在寅大統領は南北首脳会談を開いて合意を成し、部分的ではあるが履行し、南北関係を改善した。しかし政権が交替し、後任の保守政権は前任の民主党政権の政策を覆し、それまでの成果を否定した。そうした上で保守政権は準備も整っていない強硬な対北政策を打ち出し、新しい緊張をかもし出してきたのである。南北の間に信頼関係が積み上げられるわけがなく、南北関係が蓄積されないのである。

韓国は保守であれ革新であれ、南北関係の改善のための力量を早急に、そして地道に高めなければならない。そうした土台の上で、南北対話を常態化し、仲裁力と主導力をつけていく必要がある。政権が変わっても、対北政策の基調を維持し、南北関係を蓄積させねばならない。そうしながら、米国、中国、日本等の関係諸国に丁寧に説明し、協力を求め信頼を積み重ねなければならない。

米国は最近十年間、北朝鮮問題にほとんど手をつけないでいる。バイデン政権も北朝鮮問題にそう関心がない。こんな時こそ、韓国政府は当事国としての役割を遂行せねばならない。そうすることが、米国政府を助ける結果になるものと私は信じている。米国政府の顔色ばかり伺って、韓国が当事国として努力しないと韓半島の非核化と平和は遅れるしかないのである。

## 米国

基本的に米国には、北朝鮮との対話を嫌う雰囲気がある。ブッシュ大統領が北朝鮮を「悪の枢軸」と名指ししたように、米国には北朝鮮を悪の存在として規定し、対話の対象、交渉の対象として認めようとしない風潮がある。しかし交渉はやりたいからやるのではなく、必要があるから行うのである。やりやすいことばかりしようとするのは、指導国家の態度ではない。

米国のディープ政権（影の政権）とその背後にある軍産複合体制が、影響力と経済的利益のために北朝鮮を「悪の枢軸」としてくってしまうことに不思議はない。善と悪で区分する世界観が、北朝鮮政策をそのように誘導したと言える。そのようなやり方で北朝鮮核危機を含む韓半島の緊張を解消または鎮静させようとするから、彼らが何かを起こし、雰囲気を再び危機や対立へと追いやるのである。実際にこれまでの非核化交渉で、合意が成されなければ、それを壊す動きがすぐに出た。ブッシュ政権でもトランプ政権でもそうだった。米国の北朝鮮政策は制裁と圧力と封鎖を基調としてきた。制裁と圧力と封鎖を強化すれば、北朝鮮が苦痛に堪えられず、対話のテーブルに出てくると考えるかもしれないが結果は北朝鮮の非核化と開放ではなく核能力の強化と中国への依存の深化として現れた。

米国が主導する経済制裁は確かに北朝鮮に苦痛を与えたが、その苦痛は実のところ権力層にではなく国民に対してであった。金正恩委員長は米国と国連の経済制裁が強化されると、２０２１年年４月に「苦難の行軍」を労働党細胞組織に命じた。これは取りも直さず北朝鮮社会で「苦難」があるということである。そして、さらに北朝鮮は核とミサイル開発を続け、それを発射した。

北朝鮮の対外戦術は対立と対話を往き来しているように見えるが、しかし一定のパターンがある。

米国と交渉する時は挑発をやめ、交渉が滞れば挑発するのだ。そのような流れを、米国のシンクタンク国際戦略問題研究所（C５１S）のジョンヘンリー所長やリサ・マルリンス研究員も認めている。米国の平和研究所（USIP）アジアセンター東アジア首席研究員）のフランク・アム博士は、２０２２年10月、ワシントンで開かれたあるフォーラムで具体的に言っている。

「ブッシュ政権の初め、オバマ政権のほとんど全時期、バイデン政権の全ての期間において、北朝鮮を孤立させ圧迫すれば、北朝鮮は良い反応はしない。圧迫は北朝鮮の核抑止力の開発を加速させるように見える。今年（2023年）、バイデン大統領と尹錫悦大統領が合同軍事訓練の規模と範囲を拡大し、戦略資産の韓半島配置を展開することに決定したのは、2013年オバマ大統領と朴槿恵大統領が、北朝鮮の三回目の核実験などに反応し硬化して決定したのと全く同じだ。韓米両国のそのような防衛処置に対し、北朝鮮は2013年～一七年にどう反応したのか。北朝鮮は三回にわたって核実験と九十回以上のミサイル試験等によって核兵器プログラムを高度に発展させた。私は今後二～三年内に北朝鮮から建設的な何かを見ることに対して、とても悲観的である」

「反面、我々（米国）が北朝鮮と関係するようになると、北朝鮮はそれ以前よりも好ましい行動をする傾向が見える。「ジュネーブ核合意以降八年間（1994～2002）、北朝鮮はたった一度しかミサイル試験をしなかったし、プルトニユーム再処理も全くしなかった。2011年と2018年2月29日の「合意」のための協議期間、2018年のシンガポール米朝首脳会談のための協議期間には北朝鮮の武器実験はなかった。我々は何が効果をもたらすかを知っている」

１９９４年のジュネーブ合意以後、米朝はいろんな分野で交流した。１９９６年から２００５年まで米軍と北朝鮮軍は北朝鮮で三十三回も同合作業をくり広げ、朝鮮戦争における米軍の遺骨百五十六柱を発掘した。２００７年から２０１１年まで北朝鮮のテコンドー団が米国のいくつかの都市でエクスビジションを催した。２００８年にはニューヨーク・フィルハーモニーオーケストラが平壌で米国国歌とアリラン等を演奏したし、それが北朝鮮全土に放映された。２０１３年には米国と西側の科学者たちが北朝鮮の科学者らと一緒に白頭山の火山を探査した。また数十人の米国の教授たちが、北朝鮮で英語、金融、エンジニアリング、科学技術について数百人の学生たちを相手に講義した。米国の核物理学者が四度にわたって寧辺の核施設訪問を含み、七回にわたって北朝鮮を訪問し、北朝鮮の核能力を調査している。

しかし、その後、米国は自国民の北朝鮮施行を禁止した。米議会の代表団の北朝鮮訪問も２００８年以後中止された。トランプ大統領の決断による北朝鮮との首脳会談が2018年6月にシンガポールで開かれ、2019年2月にハノイで決裂に終わったのを除けば、北朝鮮と米国の外交交渉はなくなった。バイデン政権は北朝鮮に対して、条件なしに対話の門を開いていると二十回も言っただけで、行動には移さなかった。

米国は頭の痛い相手と協議することよりも、圧迫と無視するやり方が簡単だと思っているかもしれないが、多くのものを失った。米国が北朝鮮と対話せず圧迫と孤立に重点を置く間、北朝鮮は制限なく核兵器とミサイルを開発し、中国に深く密着した。長い間対話しない結果として、北朝鮮との協議の経験を持つ人材が米国内で減っていることも米国の損失である。

現在米国は、北朝鮮に対する情報が不十分で、韓半島の平和に対するアプローチはきわめて単純であり、北朝鮮問題に臨む態度もまた硬直している。米国では北朝鮮疲労という言い方がある程だ。

北朝鮮は嘘をよくつくし、約束を守らず、非核化に関心もない悪い相手だと米国は考えているのだ。北朝鮮が先ず現実味のある非核化措置を取って始めて、交渉に入ることが出来ると米国側は言っている。しかし、北朝鮮はそれを拒否した。一期間、米国は北朝鮮はすぐにでも崩壊するかのように考えたが、それは情報不足の反映であった。経済制裁を強化すれば、北朝鮮は降伏するかのように考えて、対北朝鮮強硬政策を続けたが、それは思い上がりであった。トランプ大統領政権のボルトン国家安保補佐官は「リビアモデル」を公開し、それを例にしながら北朝鮮に対して非核化に応ずるのを期待したが、それは傲慢だった。そんなやり方では事は進まなかった。

## 中国

北朝鮮の核問題に対する中国の態度は、今一つ、はっきりしない。中国政府と指導者たちは韓半島の平和とのために「建設的な役割をしてきたし、今後もそれするだろう」と言っている。しかし実際に中国がどんな役割をしてきたのか、あるいはするのかについては透明ではない。

確かに中国が「建設的役割」をした期間もあった。2002年に始まった二回目の北朝鮮核危機を一時的であれ打開したのは、六者会談であった。当時北朝鮮は、米国との二者会談を、一方米国は多国間会談に固執した。それを韓国と中国が仲裁して２００３年８月に北京で六者会談が開かれた。また韓国と中国の仲介で２００５年９月（九・一九合意）と２００７年２月（二・一三合意）に合意へと至った。中国の「建設的役割」が確かにその合意に寄与した。中国は、金正恩体制初期の核開発に対する国連の対北朝鮮制裁決議にも賛成した。

しかしいつからか中国は、国連制裁決議に反して北朝鮮を支援しているという疑念を抱かせるようになった。２００２年に中国は、ロシアとともに、北朝鮮の挑発に対する国連安保理による非難あるいは制裁に反対し始めた。２０２２年４月６日、中国外交部（外務省）はスポークスマンを通じて、国連安保理の対北朝鮮制裁に今後も反対する表明した。北朝鮮に対する制裁と圧迫一辺倒の政策の長期化は、非核化に逆作用したと私は考えている。しかし、中国の考えていることはもっと複雑だと思う。

中国にしても北朝鮮が核保有国になるのは望ましくないだろう。しかし中国は、北朝鮮の非核化協議過程で、中国の存在感が薄くなるのを望んでないように見える。中国は、もしかして北朝鮮が米韓両国に傾き、中国の役割が低下するのを望んでいないのかもしれない。中国は、米中競争で有利なのか、不利なのかを規準にして北朝鮮問題に対処しているようである。そうだとすると、中国は、米国の対北朝鮮行動とは異なる方向へ行こうとする誘惑を受けるだろう。それは北朝鮮に対する国際社会の圧力、もしくは説得を緩めてしまう。

実際にこんなことがあった。2018年6月12日シンガポールでのトランプ・金正恩首脳会談を目前にし、習近平主席は金正恩を二度も中国へ招待して会談をもった。その年の3月には北京で秘密裏に会談し、5月には大連で公開的に会談し、その時は海辺での散策まで演出した。二人の海辺の散策は、その直前にあった4月27日の文在寅、金正恩の南北首脳が板門店での徒歩で橋を渡った散策を連想させた。

北朝鮮としては米朝首脳会談の目前に、米国に対して交渉力を高めるために中国の支援を誇示する意味があったろう。中国としては北朝鮮に対して、中国から離れないようにし、さらに米国と国際社会に向けて、中国の対北朝鮮への影響力を誇示したかったのかも知れない。こんなことが絡まってトランプは米朝首脳会談のドタキャンを電撃的に発表した。すると北朝鮮は慌てた。そこで韓国が仲裁し、「史上初めての米朝首脳会談を何とか成功させたのである。

２０２２年11月14日の米中首脳会談ではこんなことがあった。インドネシアのバリ島で開かれたバイデンと習近平の初めての会談で、バイデンは北朝鮮の核問題を挙げた。バイデンは、長距離ミサイル試験発射や核実験をしてはならないことを北朝鮮が明らかにする義務があると、習近平に提議した。それに対する習近平の反応は、中国側の発表文には表れなかった。ただ王毅外相は「習主席は中国のこれまでの立場を述べた」とし、「韓半島問題の根本原因がどこにあるのかを直視し、各側面の憂慮、特に北朝鮮の合理的な憂慮を均衡的に解決せねばならないと強調した」と、明らかにした。つまり、習近平はバイデンの要求を拒絶したのだった。

## 日本

日本は２００３年から２００９年にかけて断続的に開かれた六者会談で、それなりの役割を果たした。北朝鮮の非核化と対北水炉支援、米朝関係の正常化などを含む２００５年の「九・一九合意」、２００７年の「二・一三合意」は、日本とロシアも参加した妥協の産物だった。履行されることはなかったが、その妥協は多者会談の可能性を見せてくれた。

しかし日本は、「拉致問題」の解決を六者会談のテーブルに載せることに固執し、会談の進行を難しくさせた。「拉致問題」は日本の国内政治において最大の懸案事項の一つであったが、そうであっても、日本は自国の懸案を六者会談に引き入れようとしたのは、他の当事国から反発を買った。

２００８年にはこんなことがあった。ブッシュ政権は北朝鮮が核申告を履行すれば、北朝鮮をテロ支援国家から解除すると発表した。これに安倍晋三総理は反発した。安倍首相は、当時すでにレームダックにあったし、その後総理を退いた。

２０１８年にはさらに深刻なことがあった。トランプ政権の国家安保補佐官ボルトンは回顧録『そのことがあった部屋』の中で、注目すべきことを書いた。私は、ボルトンの回顧録をすべて信じているのではないが、二度目に政権に就いた安倍総理と関連したくだりにこんな内容がある。

2018年6月、シンガポール米朝首脳会談を目前にして、安倍総理はトランプ大統領に非現実的な強硬政策を提案した。その年の4月、安倍総理はトランプ大統領に「(金正恩)委員長は信じられない」という言葉を何度もくり返しながら、強硬策を提案した。

トランプ大統領のフロリダの別荘マララーゴでの会談で安倍総理はトランプ大統領に「六~九か月内に(北朝鮮の)非核化を完了させねばならない。……ICBMと一緒に中弾距離ミサイルも破棄せねばならない」などを要求した。安倍はトランプに「オバマよりももっと強硬に押して下さい」とも言った。

安倍総理の発言は、ボルトンが日本の国家安全保障局長の谷内正太郎氏を通じて伝えられたと、ボルトン回顧録には書かれている。

ボルトン氏は回顧録で「安倍は私の言葉を教科書のように、いや呪術のように音読していた」と書いている。ボルトンは安倍のことを頭も良く、品行もよろしいと称賛している。安倍は米国の軍産複合体制とディープ・ステートについてもよく知っているとして、称賛している。後にトランプは、北朝鮮との協議が失敗したのはボルトンのせいだと言っている。

当時、韓日関係が悪かったのは安倍総理に影響されたといってもよいだろう。朴槿恵政権と安倍政権が作った慰安婦問題の合意を文在寅政権が事実上廃棄したので、韓日関係がこじれていた。しかし、北朝鮮の非核化のような韓半島の平和の問題は、韓日両国の懸案事項と分けて対処すべき事案である。

基本的に日本と米国には、韓半島の緊張緩和を望まない勢力がある。

２０２０年末、ワシントンで開かれたある討論会で、日本と米国の分析家が一緒に提出した発表文にはこのような内容があった。

韓半島の非核化が進展され、平和が増進されれば、駐韓米軍撤収の要求が出てくるし、韓米同盟が弱まるというのだ。しかしそれは、本末転倒した話である。駐韓米軍は韓半島の平和のために存在している。しかし彼らは、駐韓米軍の存在のために韓半島の緊張が必要だと主張しているのだ。それはとても偏狭で無知な主張である。冷戦が終わったからといって、ドイツや日本に駐屯していた米軍が撤収したわけでもなく、米独同盟や日米同盟が弱体化したわけでもない。自分たちの都合のために韓半島に緊張が維持されることを望むなら、それは同盟国が取る態度ではない。韓半島には七千万人の韓民族とそれに加えて外国人も一緒に住んでいる。

## ロシア

ロシアもまた、二回目の北朝鮮核危機に六者会談のメンバーとして一定の役割を果たした。しかし今は、ウクライナ戦争に忙しくて他の問題に関与することが難しくなっている。

ロシアは2022年2月にウクライナに侵攻し、戦争を起こした。プーチン大統領の侵攻決定は自由主義的国際規範を無視した。ウクライナ戦争は世界の主要国家を二つの陣営に分け、新冷戦という流れを促した。ウクライナ戦争がどのように終結するかによって、その後の世界秩序は大きく影響されるだろう。プーチンの運命もそれにかかっている。

韓半島に対するロシアの影響力は米国、中国に比べて相対的に弱く、彼らの関与は日本ほど執拗ではない。

それにもかかわらず、ロシアは依然として韓半島の力学関係の一方の軸を占めている。ロシア自らも一定の介入意思と部分的に北朝鮮に対して影響力をもっている。ロシアはまた、韓国ともエネルギーを含む経済的関係を維持している。したがって、ウクライナ戦争と韓半島の関連性は十分に存在し、中ロ朝対日米韓の対立構図も韓半島の緊張を高めている。そして、ここに来て、米国のロシア及び北朝鮮に対する体制崩壊の圧力が急激に強まったために、ロシアと北朝鮮の関係が一気に同盟関係のようになって来たことは事態を深刻化させている。

## 【4 平和のための五つの提言】

多くの機会を逸した。だからといって放棄するわけにはいかないだろう。もう一度、一からはじめなければならない。過去を反省し、再び出発するしかないのだ。新しい決断によって、状況を変えることもできるからだ。

## 「韓米日対中ロ朝」の対立構図に埋没してはならない

現在韓半島は、かつての「韓米日対中ロ朝」の対立構図へと戻りつつある。それはまるで、冷戦時代が再び現れようとするかのようである。現在の米中戦略競争が新冷戦なのか、そうでないかには議論の余地があるが、少なくとも韓半島には新冷戦の雰囲気が濃厚であることは事実だ。

現在米国は、韓国および日本との協調を強化し、中国を牽制しようとしている。一方中国は、北朝鮮およびロシアとの協調を強化して対応している。しかし「韓米日対中ロ朝」の対立構図が膠着してしまえば、韓半島は緊張から脱け出すことは難しい。

韓国は韓米日と協調を強化しながら、南北対話を通じて緊張を低め、米国、中国、日本、ロシア等の関連国に対して、韓半島の当事国である優位性を持たなければならない。何よりも南北対話がその出発である。韓国はまた、中国とも建設的な関係を維持する必要がある。とくに私は、米国が北朝鮮と国交を樹立することを望んでいる。米国が北朝鮮と国交を樹立すると、それは米中戦略競争の状況を変えるゲーム・チェンジャーになることが出来るからだ。もちろん疑いなく韓半島の緊張緩和になるだろう。

## 国防力を静かに、しかし確実に強化しよう

平和は言葉で得られるものではない。確実な安保が平和を担保する。

北朝鮮は既に核兵力を保有・強化している。米国の北朝鮮非核化とその努力は失敗した。そこで最近、韓国では核武装論が台頭している。国民の核武装論への賛成世論も前例なく高まっている。一部の世論調査では先述したように、賛成が70％を超えた。

韓国の核武装には三つの方法がある。そのいずれも米国は反対している。まずその一つは戦術的配置である。米国は1958年から91年まで、最高950基の

戦術核を韓国に配置した。それをもう一度配置することである。しかしそれには難点がある。戦術核をどこに配置するのか。地上に配置すれば、相手の標的となる。また韓国のどの地域がそれを受け入れるのだろうか。海上とか空中に発射台を設ければ、相手は標的を合わせにくいだろうが時間がかかる。

第2は核の共有である。ヨーロッパは米国と核を共有している。しかし核を共有すれば、統制権は米国が持つのである。

第3は、最も有力な主張である独自の核開発だ。1970年代に韓国はそれを試みたが、米国の制止で放棄した。韓国の核開発は、米国が最も強く反対している。国際社会も反対している。もし韓国が、独自に核開発を推進すれば、米韓関係が悪化し、国際社会の経済制裁が入るだろう。経済制裁は、韓国の核原料の輸入を封鎖することもあり、そうなれば韓国は原子力発電を中断せねばならないかも知れない。それに韓国は堪えられるだろうか。

核兵器開発過程に劣らず、その後の諸搬の費用を冷徹に考慮しなければならない。米国最高の核専門家であるスタンフォード大学のスクプリード・ハッカー教授は、韓国の独自核開発はかえって韓国の安保を危うくし、経済を圧迫するだろうと指摘している。

それで私は、二つの代案を並行して行うことを提案したい。

一つはいくつかの安保状況を考慮した複数のロード・マップを準備することである。韓国の最も専門的機関が米国と協議してロード・マップを準備していけば、と思うのだ。そんな準備もなく、核武装の結論を出して、論争から始めるのは賢くはない。

もう一つは文在寅政権が推進したように非核先端兵器開発を更に勧めて行くことだ。文在寅政権は米国との外交協議を通じて米韓ミサイル指針を廃止した。それによってミサイル弾頭重量と射程距離制限を無くしたし、玄武シリーズのような先端ミサイルを開発することに成功した。その結果、韓国は国防力を世界6位の国となった。それをもっと加速化するのである。原子力潜水艦開発も続けて進めなければならない。

## 米国、日本にも言うべきことは言おう

米国は韓国にとって唯一の同盟国だ。同盟の信頼度を共有する価値も守らなければならない。日本は韓米日連帯の一つの軸である。米中戦略競争で、韓米日連帯は不可避である。だからといって韓国は、米国と日本に引きずられてばかりではいけない。韓国の安保と生存のために、言うべきことは言わねばならない。韓国の安保利益が米国と日本に完全に一致するわけではないからだ。

米国は、中国が台湾を武力で統一しようとするなら、2027年が最も危険な年だと見ている。その場合、米国が台湾を軍事的に支援するなら、駐韓米軍を台湾に送るかもしれない。

米国の一部専門家は、韓国が駐韓米軍の台湾派遣に同意してこそ、韓半島が有事になった時に他の同盟国の助けを得ることが出来ると主張している。しかし韓国は、同じ米国の同盟だといっても、日本やオーストラリアとは安保の性格が異なるので、駐韓米軍の台湾派遣は国益に反すると、はっきりと言わねばならない。米国が「二つの戦争」を独自で行うのが困難であれば、駐韓米軍の台湾派遣が必

要になってくるがそれは、韓国を危険な状況に置くことになる。

韓半島の緊張が緩和され、平和が増進されると、駐韓米軍を削減とするという主張も現れ韓米同盟が弱体化するという憂慮により、米国と日本に韓半島の緊張を望む勢力も存在するということは先に述べた通りである。しかし2000年の南北首脳会談で金大中大統領が金正日委員長に言ったように、韓半島統一以後にも東アジアの平和のためには米軍が必要だと私は考えている。そのことを、米国と日本にははっきりと言わなければならない。

## 中国、ロシアにもはっきり言おう

中国とロシアは韓米同盟の強化を警戒し、非難している。中国は駐韓米軍のサード（THAAD、戦略高高度ミサイル防御体制）を非難し、陰に陽に経済・文化制裁を韓国に加えている。

しかし韓国は言うべきことははっきり言わなければならない。何よりも安保と国家生存については、韓国の方針は明確でなければならない。韓国は、核を持っている北朝鮮の危険にさらされているために、米国との同盟を強化し、防御体制を備えるのが不可避だとはっきり言わなければならない。韓国と米国が同じ民主主義の国家として親しく付き合うことは、当然だと言わねばならない。

もし、サードのような防御体制に拒絶反応を示すなら、中国とロシアは北朝鮮に対して非核化を説得しなければならないと、我々は強く言わなければならない。中国とロシアは２００３〜９に六者会議参加し、北朝鮮の非核化に協力した。しかしその後は、曖昧な態度を取りながら北朝鮮を支援した。中国が米中競争において、有利か不利かで北朝鮮の核武装の強化に対する姿勢を変えるのであれば、それは大国としての責任ある態度ではない。

## 北朝鮮の現実を認めて対話しよう

１９９３年の一回目の北朝鮮危機が始まって以来三十年も過ぎた。その間、米国は北朝鮮と間欠的に交渉を持ったし、韓国はその時その時に米国と協議するやり方で関与してきた。しかし、すべての交渉は結果的には失敗した。その失敗の原因を一つ一つ検討して、南北対話を進めねばならない。クリントン政権時代のペリープロセスが指摘しているように、我々が望む北朝鮮ではなく、あるがままの北朝鮮（North Korea as it is, not as we might wish it to be）を認めて、対処しなければならない。私は米国の大学で講演し、この点を集中的に問題提起した。

まず第1に、北朝鮮体制の生存欲求を認めなければならない。北朝鮮は朝鮮戦争を起こしたが、米国の圧倒的な軍事力に破壊され、さらに1958～91年の間には韓国に配置された米国の戦術核にさらされた。冷戦崩壊以後、韓国は外交的・経済的能力を拡大し、高度成長へとひた走ったが、北朝鮮は外交的に孤立に追いやられた。北朝鮮は被害意識と体制生存欲求から核開発を始めたのである。北朝鮮の核開発は非難されて当然だが、北朝鮮の体制生存欲求を無視しては、北朝鮮の核問題を解決することは難しい。

第2に、北朝鮮がすぐにでも崩壊するという誤った見方をしてはならない。北朝鮮も東欧社会主義諸国のように内外の衝撃で崩壊するものだという考えが、いまなお保守勢力のなかにある。

米国もまたそうした考えで北朝鮮との交渉に消極的であったり、合意を履行しなかった。しかし、北朝鮮崩壊論は誤っていたのだ。

金日成と金正日が死亡にしても、また数十万もしくは最大三百万人が飢え死にした1990年代の「苦難の行進」でも、北朝鮮体制は維持された。困難が大きくなればなるほど、北朝鮮は外部に向けて敵愾心を高め、内部的にかえって結束してきたのだ。

第3に、対北朝鮮圧迫効果を過信してはならない。韓国の保守政権と米国は、北朝鮮に経済制裁を続ければ、北朝鮮はそのうちに屈伏するものと期待している。しかし期待とは異なって、北朝鮮は核開発を強化し、中国依存を拡大した。天安艦事件（2010年3月26日）以後、李明博政権は開城工団以外の対北経済協力を中断したし、北朝鮮が核実験を継続すると朴槿恵政権は開城工団を閉鎖した。尹錫悦政権は北朝鮮が核開発を続ければ、北朝鮮にビタ一文もあげないと公言した。尹錫悦政権は統一省の南北交流組織も縮小した。そうした政策の結果は、期待と反対のことに陥った。

第4に、完璧主義的なアプローチの落とし穴に陥ってはならない。米国は北朝鮮との交渉で一度に得ようとしたり、北朝鮮と一旦合意したことを履行する前に既存の合意を飛び越える、より強い要求を引き出そうとした。そのようなオール・オア・ナッシングのアプローチは、交渉を壊そうとするデープ・ステーツの操縦でないのか、という疑心を北朝鮮からも買った。そして、結果的に交渉は壊れ、北朝鮮は相手を信じなくなった。

第5に、対北朝鮮政策の一貫性と独自性を確保せよと言いたい。政権が変わると対北朝鮮政策も変わるという悪循環が韓国にも米国にもある。そんなことでは北朝鮮と持続的な対話を続けることは出来ない。今からでも遅くないから、韓国は政権が変わっても対北朝鮮政策の骨格は維持するよう制度化、あるいは慣行化する必要がある。そうしてこそ、南北の間で信頼が積み上げられ、南北関係が進むのである。旧西ドイツでは、社民党のブラント首相が行った政策を、キリスト教民主同盟のコールが継承して統一をもたらしたことを想起せねばならない。

韓国は、対北朝鮮政策の主導力と調停を確保しなければならない。民主党政府は米朝対話のために、時には米国に提案したり、米朝対話が膠着した時には仲裁することもした。韓半島の問題について米国、中国、日本等に役割を果たしてもらうなら、南北対話を持続しなければならない。民主党政権は、不十分ではあったが、それでも仲裁することが出来たのは、南北対話を一貫してしようとしたからである。

# 第3章　米中競争激化時代、繁栄のための選択

新冷戦なのか。新冷戦の入り口なのか。冷たい平和なのか。米中競争をめぐって論争が噴出している。世界秩序はそれほど大きな曲がり角に立っているのだ。

韓国が米中協力の良好な雰囲気の中で、安保と経済をうまく運営してきた脱冷戦時代は終わった。これからは米中の対立において時には二者択一を迫られる試練の時代がやってきたのだ。脱冷戦時代では韓国は韓米同盟と韓中経済協力の機会を同時に活用していた。今や、韓国はそうした機会を以前のように享受しがたくなった。

安保と経済には国家の生存がかかっている。そのような課題に韓国は何をどうしなければならないのだろうか。時代は高度な知恵と精巧な戦略を韓国に求めている。

## 【1　冷戦の終わりと米中競争の始まり】

過去は未来にそのまま繰り返されるのではない。しかし過去を知るならば未来が少しはより見える。人類はそうして発展してきた。

## 冷戦の始まり

冷戦は米国とソ連が世界を支配しようと統制し対峙した期間だ。一般的に冷戦とは、米国でトルーマン・ドクトリンが出た1947年からソ連が解体された1991年までをいう。

トルーマン・ドクトリンは1947年3月米大統領ハリー・トルーマンが宣言した外交原則である。それは共産主義勢力の拡大を阻止するためにギリシャ、トルコに軍事的、経済的援助を提供するということであった。トルーマン・ドクトリンはヨーロッパ復興計画（マーシャルプラン）と北大西洋条約機構（NATO）に発展した。ソ連の膨張を阻止するためにマーシャルプランは経済的支援を、NATOは軍事的協力を提供した。

トルーマン・ドクトリンは1969年のニクソン・ドクトリンによって修正された。ニクソン・ドクトリンはリチャード・ニクソン米大統領が1969年7月に発表した新しい対外政策である。当時米国はベトナム戦争の泥沼から抜けだそうとしていた。ニクソンは各国が自国の安保に、より大きな責任をもたなければならないとし、緊張と対立の冷戦体制を清算しようと宣言した。ニクソン・ドクトリンによって緊張緩和、即ちデタントが試みられた。しかし、レオニード・ブレジネフ書記長の執念によるソ連の軍事力強化で、デタントは後退する。トルーマン・ドクトリンが理念的外交路線ならば、ニクソン・ドクトリンは現実的外交路線だった。冷戦の角逐は単純ではない。その期間は様々な曲折が続く。中でも中ソ紛争と米中修好が最大の出来事だった。

アジアでは1949年中華人民共和国建国以後、中国がソ連の影響圏に編入された。1950年2月、両国は「中ソ友好同盟相互援助条約」を結ぶ。中国はその年の6月25日勃発の朝鮮戦争に参戦、それにより中国は米国と国連の制裁を受けて外交的に孤立し、ソ連に一層依存した。

しかし1953年のスターリン死去以後、ソ連は理念の再調整に入った。中国とソ連は理念的に分化した。1959年チベット抗争から始まった中国―インド戦争で、ソ連がインドを支援すると中ソ関係は悪化した。特に中国とソ連は1969年ウスリー川の珍宝島（ロシア名ダマンスキー島）の領有権をめぐって武力衝突し多くの死傷者を出した。すでに中国は核開発を進め1964年に最初の核兵器を持った。1971年には水素爆弾を開発した。中国はソ連の路線を批判して第3世界の中心国家となった。

中ソの対立に米国が食い込んだ。米国は中国に接近して、ソ連を牽制する。1969年中ソの領土紛争の間隙に乗じて米国は中国に味方した。米中はピンポン外交で敵対関係を崩し始めた。ニクソン大統領は1972年中国を訪問して毛沢東国家主席と会談する。そして1979年1月米国は中国と公式に修好を結んだ。米国は中国が絶対視する「一つの中国」原則を事実上受容し、それまで友邦国であった台湾と断交した。

中国は1978年から鄧小平が改革開放路線をとって統治した。鄧小平は中国指導者としては初めて1979年9月米国を訪問し、ホワイトハウスでカーター大統領と会談した。テキサスで鄧小平はカウボーイ帽子に幅広のジーパン姿で暴れ馬を乗りこなすロデオ競技を観覧した。公式の席上でエルビス・プレスリーの（Love me tender）を英語で熱唱した。彼はそのようにして米国の懐に飛び込んだ。

１９１７年のボルシェビキ革命で誕生したソ連は、社会主義革命を完遂して労働者と農民の国をつくろうという価値を掲げ、１９６４年から１９８２年まで在任したブレジネフ書記長の軍事増強と１９７０年代の原油価格の上昇により軍事力と経済力を伸ばした。

しかし、ソ連は米国との競争で負け始める。過度な軍備増強による国力消耗と社会主義統治の非効率のゆえである。１９８５年に就任したミハイル・ゴルバチヨフ書記長はグラスノスチ（情報公開）とペレストロイカ（改革）を推進した。それは１９９１年のソ連解体に繋がった。20世紀の人類最大の政治実験は、そのようにして終わった。

ソ連が解体した１９９１年以後の国際秩序は「脱冷戦」と呼ばれる。２００１年９・11テロまでの10年間、米国は明確な敵国がない状況を享受した。１９８９

年、米国人のフランシス・フクヤマは東欧崩壊と米国の一極体制を予見した『歴史の終わり』という本を出版した。ジョージ・H・W・ブッシュ（第41代、43代の父親）大統領は冷戦崩壊をうまく管理した。米国には楽観の雰囲気にあふれていた。

しかし、それが米国の傲《おご》りとなった。中国は経済力を強化して米国を追撃するようになった。中国のGDPが日本を越えた2010年から、米国は中国の挑戦を脅威と感じる。そして2022年10月米国は国家安保戦略（NSS）報告書に「脱冷戦時代は最終的に終わった」と宣言した。中国との競争に真剣に臨まなければという宣言だった。

## 「アジア回帰」VS「新型大国関係」

演技と愛は隠すことができないといわれる。大きくなる国力も隠しとおせない。中国がそれだ。

2011年11月ハワイで開かれたアジア太平洋経済協力会議（APEC）及び

東アジアサミットで、バラク・オバマ米大統領は「アジア回帰を宣言した。前任のジョージW・ブッシュ政府がテロとの戦争により中東に集中するあまり、アジアに対して疎かになり、その間に力をつけた中国を牽制することが急務になったのである。

オバマ政府は海軍戦力の60％をアジアに配置し、韓国、日本、台湾等の友邦国結束を強化し、中国の膨張を阻止しようとした。しかしオバマはすぐにその難関にぶつかった。2012年中国は南シナ海スカボロー礁（中国名 黄岩島）でフィリピンの接近を遮断し、近隣国の漁船とボーリング船の活動を妨害した。4月にはフィリピンと中国の漁船が対峙した。フィリピンは米国の支援を期待した。オバマの「アジア回帰」はアジア同盟に充分な満足を与えられなかった。

オバマ大統領の「アジア回帰」に対する中国の応酬は、2013年6月8日、米中首脳会議で出された。カリフォルニアのランチョ・ミラージュにある保養施設で、オバマ大統領と会談した習近平主席は「新型大国関係」を提案する。中国と米国が対等のG2として、第1に衝突したり対立したりせず、第2に互いに尊重し、第3に協力して、ウィンウィンの関係をつくろうとするものであった。

習近平の「新型大国関係」は米中共存を提案したのである。中国の力が米国を越えるまでは米国との協力を維持しようということでもある。しかし、それは米国主導の一極世界秩序が終わったので、米国も中国を認めよという意味を含んでいた。そのうえ、その会談で「太平洋は米中が分けて使えるほど充分に広い」といい、太平洋の分割占領を語ったと知られている。米国は太平洋の東に退き、太平洋の西側は中国に譲歩せよというシグナルだった。

習近平の「新型大国関係」を米国は受け入れなかった。オバマは「アジア回帰」を堅持して環太平洋経済パートナーシップ協定（ＴＰＰ）を推進した。米国は冷戦時代にソ連に対してそうしたように、中国を封鎖しようとする戦略に没頭した。中国はすでに準備していたカードを次々に出してきた。西太平洋、ユーラシア、インド洋へ向かう野心である。

米中首脳会談直後である２０１３年12月、中国は南シナ海スプラトリー諸島（南沙諸島）で人工島造成のための埋め立てを始めた。中国は２０１５年まで2年間に13㎢を埋め立てた。３つの人工島に軍用機が離着陸できる３０００メートル級の滑走路を建設した。

習近平主席は２０１３年9月と10月、相次いで「一帯一路」を提唱した。中国は２０１６年1月、57ヵ国を集めてアジアインフラ投資銀行（ＡＩＩＢ）を設立した。ユーラシアとインド洋に向けた中国の野心を「一帯一路」とＡＩＩＢが支えた。

「一帯一路」はスリランカで致命的な一面をさらけ出した。２００５年に執権したマヒンダ・ラジャパクサ大統領は故郷であるスリランカ南部のハンバントータ港開発を手掛ける。彼は中国の「一帯一路」に頼った。２０１５年政権交代により就任したマイトリパーラ・シリセーナ大統領は、中国に距離をおこうとした。するとと中国は負債を返済せよとせまった。２０１７年スリランカは返済する条件でハンバントータ港湾会社の持ち分70％と99年間の港湾租借権を中国に譲渡した。米国を含む世界は衝撃を受けた。

ジョージ・ワシントン大学ロバート・サター教授は、中国の「一帯一路」がもつ危険性を次のように指摘している。第1に、他国を債務のワナに陥れて中国の影響力を拡大し、軍事的意味をもつものを含む様々な担保物を手にいれようとする。第2に、関連契約が種々不透明であり腐敗した政治指導者との関係を強めて、相手国政府の腐敗を助長する。第3に、相手国の権威主義政権に中国製情報通信及び監視体制を輸出することによって、格安で相手国の社会統制を強化し、権威主義政権の存続を助ける。第4に、中国の成長モデルや産業慣行を正当化するために用いる。第5に、中国のデジタルシルクロードを通じてファーウェイ(Huawei)の進出が拡大されていく。

中国の野心はさらに具体的だった。習近平主席は2017年10月共産党19次党大会で「中華民族の偉大な復興」という中国ドリームを32回も言及し、実現した場合の青写真を発表した。2020年から2035年まで経済力や科学技術力を大幅に向上させて革新系国家の先頭に立ち、2035年まで国防と軍の現代化をなしとげ、21世紀中葉には中国建国百周年である2049年にいたる。

2022年10月12日、ホワイトハウスは、バイデン大統領就任以後21ヵ月ぶりに初めて国家安保保障戦略（ＮＳＳ）報告書を発表した。その報告書で米中の本格競争を次のように宣言した。

「我々は今、米国と世界において将来の方向性を決める決定的な10年を迎えている。我々が今とっている行動はこの時期が葛藤と不和の時代になるか、或いはさらに安全で希望に満ちた将来に導いていくかにある。脱冷戦期が終わりを告げ、来たる未来を形成するために主要強大国の間で競争が始まっている。」

「ロシアはウクライナ戦争で分かるように国際秩序の基本法を無謀にも嘲り、自由で開放された国際システムに深刻な脅威を惹起した。中国は自国に有利に国際秩序を変化させる意図と漸増する経済的、外交的、軍事的、技術的能力を備えた唯一の競争相手だ。中国は米国の最も重大な地政学的な挑戦者だ。」

報告書を発表した直後、ジェイク・サリバン国家安保補佐官はワシントンＤＣのジョージタウン大学で講演し「新冷戦を願わない」と語った。「それは冷戦時代に世界のあちこちで米ソ間の代理戦争をしてきたようにはしないということだ。中国との競争に対する成功的アプローチは他の国々が陣営を選択しないようにすることだ」

## 底辺の流れ

兆候は以前からあった。それが続けざまに現れている。海水の上に見えるのは氷山の一角だ。

米中戦略競争は米国が公式に認定したよりもはるかに早く胎動している。米議会は2000年より、毎年国防省から中国軍事力の推移について報告を受けている。中国が2010年日本を押さえて世界第2位の経済大国になると、米国は本格的に中国を牽制するようになった。2011年にビン・ラディンを爆殺することにより、米国の対外政策の最優先重点はテロから中国対応へと移った。

21世紀は米国にとって衝撃的な幕開けだった。2001年9月11日火曜日の朝だった。東北から西の方に向かっていた民間航空機4機がテロ犯に拉致された。そのうち2機はニューヨーク・マンハッタンの世界貿易センターに立て続けに衝突し、110階のツインタワーを崩壊させ2996名が死亡した。負傷者は

629１名にのぼった。もう１機の航空機はアーリントンの国防総省ペンタゴン西側の面に衝突し、建物の一部を破壊した。４番目の航空機は乗客の死の抵抗で目標物（ワシントンDCのホワイトハウス又は国会議事堂と推定）を打撃できず、ペンシルベニア州シャンクスビィル郊外に墜落した。９・11テロの犯人はやがてビン・ラディンが指導するアルカイダ所属であったことが明らかになった。

憤激した米国はテロ勢力の除去に全力を集中した。ジョージW・ブッシュ（息子）政府は、反テロ戦争を宣言して、軍事力で「悪の枢軸」国家（イラン、イラク、北朝鮮）の体制崩壊を追求する強硬政策を打ちだした。米国は大量殺傷武器を除去するという理由で、２００３年イラクを攻撃した。戦犯裁判により２００６年12月30日、サダム・フセインイラク大統領の死刑が執行された。そして２０１１年５月２日、ビン・ラディンを潜伏地のパキスタンのアボッタバードで爆殺した。

２００７年には、米国で金融危機が引き金になり２００８年世界に拡散した。２００７年４月米国第２位のサブプライム　モーゲージのローン会社ニュー・センチュリー・ファイナンシャルの破産申請が米国の金融危機をまねき、国際金融市場の信用危機に発展した。それは１９２９年の大恐慌に匹敵する大混乱を世界経済に引き起こした。２００８年の世界金融危機は米国の衰退を知らせる出来事として受けとめられた。

さかのぼるが、中国は先ず世界経済に進出した。２００１年中国は世界貿易機関（ＷＴＯ）に加入し、世界市場に本格的に登場した。鄧小平の１９７８年改革開放が始まって以来、自国の市場を漸進的に開放した。１９９５年、中国はＷＴＯ加入を打診したが、国際社会の反応は鈍かった。とりわけＷＴＯの大株主である米国の反対が大きかった。中国に国有企業の比率が高く市場経済の要素が薄弱である等の理由からであった。

そうこうして米国のクリントン政権が中国のＷＴＯ加入を認めた。中国はクリントン退任以後の２００１年12月11日、ＷＴＯに公式加入した。米国は中国がＷＴＯに加入すれば、中国内の民主主義が伸長し中産階層が大きくなるなど肯定的に変化するものと期待した。その後、中国は「世界の工場」として米国を含む世界の経済に一定程度寄与した。

しかし中国は民主主義を伸長させることなく、米国に挑戦する経済大国へと急速に成長した。中国は貿易で世界第1位、GDPで第2位の国家になった。中国は鄧小平が強調したように「韜光養晦（才能を隠して内に力を蓄える）」をのり越え、「大国堀起（大国としてすっくと復興する）へ突き進んだ。

## 【2 新冷戦の突入と国際秩序】

変化は望めばのろのろとやってくるし、望まなければ早く来る。世界は追いつ追われつして巨大な変化を続ける。冷戦の時代と現在はどう異なっているか。

### 米国の相手が強くなった

冷戦時代に米国の相手はソ連だった。ソ連は1957年人類最初の人工衛星スプートニクを発射した。米国の衝撃は大きかった。「スプートニク ショック」だった。その年、それは大陸間弾道ミサイル（ICBM）も米国より先に発射した。

1961年には人類最初の宇宙飛行士ユーリ・ガガーリンを有人宇宙船「ボストーク」に乗せ、宇宙へ飛行させた。米国は1958年宇宙航空局（NASA）を設け、1961年アポロ計画をたててソ連を追撃した。1969年米国の宇宙飛行士ニール・アームストロングがアポロ11号に乗り人類最初に月に着陸してソ連を追い越した。

ソ連は1960年代中盤まで宇宙競争で米国に先んじていた。しかしその他の多くの分野で米国に後れをとっていた。経済力はソ連が良い時でも米国の4分の1の水準だった。ソ連の粗雑な対内外政策や硬直した理念が非効率さを招いた。そうした非効率性が積もり重なって1991年ソビエト連邦は解体するに至った。

今や米国の相手は中国である。中国は1978年鄧小平が改革開放を始めて以来、世界史に類例のない速度で経済を発展させた。米国の国内総生産（GDP）は2022年10月時点では70・3%になった。

一時、米国には「40%法則」があった。特定国家の経済力が米国の40%を超えようとするならば、それを押さえつけることだった。日本の経済も1980年代中盤まで猛烈に伸びたが沈んでいく。米国は1985年プラザ合意（ドルを弱め円貨の価値を倍に引き上げた合意）や1986年日本のメモリー半導体攻撃等により日本の追い上げを退けた。しかし中国の浮上により「40％法則」は米国の追憶となった。

中国は清国の前半期、特に康熙帝から乾隆帝までの134年の間に世界総生産の最高33％までを占めていた栄光の時代を記憶する。しかし清国が1842年アヘン戦争で英国に、1894年日清戦争で日本に惨敗するや、列強のえじきになった惨憺たる歴史を記憶する。

経済だけではない。中国は科学技術と軍事能力でも米国を猛烈に追撃した。人工知能のような先端分野では米国を凌駕した。対外政策でも中国は「一帯一路」政策でユーラシアとアフリカ開発途上国を経済的に取り込み、外交的に引き入れていく。

中国の強みについて、バイデン政権の国家安保補佐官ジェイク・サリバンは絶妙に要約した。過去のソ連に比べて、今の中国は経済的に強く外交的にも巧みであり、理念的に悠然としている。中国は世界の数多くの国と広く深く絡み合っており、世界国家の3分の2が中国を貿易パートナーとしている。

中国にも問題はある。経済成長の速度は絶頂期よりも減少している。高齢化と社会の両極化も急速に進行している。2023年、人口はインドに逆転された。3大格差（東西、都市農村、貧富の格差）は中国のアキレス腱だ。中国は両極化に対処するために共富論（共同富有論）によって、先端企業の社会的寄与を要求し始めた。国家政策に呼応しない一部の企業家は公共活動から退かされている。そうしたことが経済覇権や技術覇権の競争に合うのかという疑問も提起されている。中国がいまなお最大の市場であり最大投資場である米国からの制裁と圧迫を受けていることも負担だ。

それゆえ中国経済の米国逆転は中国が目標とした2030年よりも遅くなる予測も出はじめた。2030年以後、中国が米国に逆転するとしても、米国が再び逆転し、30～40年間競争を継続するだろうとの分析もある。2050年にはインドが新しい最強国として登場するとの予想もある。

## 米国が変わった

20世紀初め、米国は世界経済の4分の1を占めていた。世界の経済大国を破壊した第2次大戦が終わったとき、米国経済は世界の半分に肉迫した。1950年代には40％を維持していた。2008年グローバル金融危機を経た後、2010年に23％に落ちたが2020年には25％に回復した。2022年10月段階で25・1％だった。しかし米国は全盛期のように輝いていない。

米国は頂点を過ぎたと多くの統計が物語っている。米国の対外政策を極度に委縮させた2001年9・11テロ、世界金融危機をひき起こしたリーマンショックが米国降下の始まりだったという見解も多くみられる。2014年ピュー・リサーチ世論調査によると、米国が他の全ての国より優越的な位置にあったとする比率は、米国民の中でも28％に過ぎない。

経済において米中の格差は小さくなっている。今や米国は半導体などの先端技術の分野でも中国を牽制するために日本、韓国、台湾などの力を借りようとしている。トランプ大統領が中国との貿易戦争をけしかけたが、トランプ選挙陣営が使った垂れ幕や星条旗の大部分は中国製だった。

経済だけではない。対外政策でも米国は指導力を失いつつある。1960年から1976年まで15年間続いたベトナム戦争で米国は敗北した。1980年代以後アフガニスタンやイラク等でも米国は望ましくない結果をのこして撤収した。米国は「世界の警察官」として国力を消耗した。もし米国と中国が戦争をしたならば、米国が負けるという研究結果が米国でも何度も出された。

しかし、米国の強みは残っている。米国は民主主義や人権、法治主義や共存競争のような普遍的価値を世界に植えつけ、それによって国際社会における指導力を維持してきた。米国は先進強大国としては異例的に人口が増え、未だ優秀な人材を中国よりも多く確保している。軍事力や先端分野の基礎技術で相変わらず米国は強い。機軸通貨を発行しており、2025年にはエネルギー自立を達成する。

米国が「沈む太陽」なのかについては反論できよう。世界経済で占める比重が

1980年から2020年の間にいかに変わったかを比較してみると次の通りである。

ヨーロッパ連合（EU）は29％から18％に落ちている。日本は10％から6％に落ちた。EUと日本は「沈む太陽」といえよう。中国は2％から17％に急騰した。中国が「昇る太陽」であるのは明らかだ。米国は1980年の25％から2010年23％に減少したが、2020年には25％に回復した。少なくとも「沈む太陽」ではないということだ。

## 世界は変わった

冷戦時代初期において、米ソがほとんど全ての分野で世界を二分していた。陣営が異なれば外交的、経済的交流もほとんど全面的に断絶していた。米ソどちらかの陣営に属さない開発途上国は非同盟路線として「第3世界」を形成し、1970年代に国際舞台に浮上した。やがて第3世界は所属国家の経済発展と貧富の格差により衰退し、ソ連解体と冷戦崩壊で無意味となった。

米中競争時代はこうした展開と異なる様相の展開をしている。冷戦の時のように陣営が明確でなく複雑だ。米中対立は分野別・領域別に多様に出現している。米中両国が二者択一を他国に要求する分野もあるが、そうでない領域もある。米中両国が最初から関心を示さない分野や領域もある。

米中競争時代において陣営が未だはっきりしない。今、米国の同盟とされる国は52ヵ国だ。韓国と日本、ＥＵのような先進国が多く含まれる。米国は百余りの国家に米軍を駐屯させている。それに比べ、中国と投資や貿易で関係をもつ国は１３０余りである。ユーラシアやアフリカの開発途上国が多い。中国は「一帯一路」構想によりユーラシアやアフリカの開発途上国中心で固めようとしている。米国は「インド太平洋戦略」で中国を牽制しつつ、「より良い世界再建」として開発途上国のインフラ建設を支援するという構想である。しかしまだ目立っていない。

米中競争時代においては、多くの国家がいくつかのブロックに選択的、あるいは重複的に加入し、制限される分野で競争している。一部の国家は分野により所属ブロックと異なる選択をすることもある。ウクライナを侵攻したロシアに対する制裁として米国は友邦国のロシア産原油輸入に反対したが、インドは輸入した。イタリアはＥＵで唯一、中国の「一帯一路」に参与し、２０２２年9月総選挙を通して親ロシア極右政党主導の連立政府が出帆した。日本主導の環太平洋経済パートナーシップに関する包括的及び先進的な協定（ＣＰＴＰＰ）に米国は参与しなかったが、韓国と中国は加入することにした。韓国と日本は中国主導の地域的な包括的経済連携協定（ＲＣＥＰ）と米国主導のインド太平洋経済枠組み（ＩＰＥＦ）に加入した。米国の中国ファーウェイ制裁に完全に賛同した国は8ヵ国だけだった。オランダ、アイスランド、トルコ、サウジアラビア、アラブ首長国連邦等がファーウェイ製品を使用する。多くの開発途上国は米中の間で二股をかける。

米国の友邦グループにはいくつかの部類がある。規模が小さい順序で見ると、オーカス（ＡＵＫＵＳ）が最も小さい。豪英米3国間安保保障の協議体だ。次はクアッド（Quad）だ。日米豪印4ヵ国安全保障対話だ。チップ4（ＣＨＩＰｓ4）

は米国が韓国、日本、台湾と結ぼうとする4ヵ国の半導体協力体だ。

その次がファイブ アイズ（Five Eyes）だ。米国と英連邦国家である英国、カナダ、オーストラリア、ニュージーランドの協議体だ。続いてナイン アイズ（Nine Eyes）だ。ファイブ アイズに韓国、日本、インド、ドイツを含めようとする構想である。米国下院の軍事委員会が2021年9月ナイン アイズを検討するように国防授権法案を通過させた。最も大きいのはインド太平洋経済枠組み（IPEF）である。米国が中国の経済的影響力拡大を抑制するために2022年5月出帆させた多国間経済協議体だ。参加国は米国、韓国、日本、豪州、インド、ブルネイ、インドネシア、マレーシア、ニュージーランド、フィリピン、シンガポール、タイ、ベトナム等13ヵ国である。その中で東南アジアなど相当数の国家は中国との経済関係の比重が大きく、米国の中国排除の動きを不自由に思っている。

## ウクライナ戦争という重大な変数

2022年2月、ロシアのウクライナ侵攻による戦争は米中戦略競争を激化させた。2023年2月にはバイデン米大統領がウクライナを訪問して、ゼレンスキー大統領を激励した。3月には習近平主席がロシアを訪問してプーチン大統領と会談した。習近平のロシア訪問直前に国際刑事裁判所はプーチンに対する逮捕状を出した。

ロシアのウクライナ侵略は、米国主導の自由主義的国際規範と秩序を揺るがした。米国は2021年8月、アフガニスタンから20年ぶりに撤兵を完了したことにより、米国のユーラシア影響力の弱体化はすでに明らかになってきた。もしウクライナ戦争でロシアが勝利するならば、国際規範の崩壊と米国のユーラシア退潮はさらに早まり、ロシアの影響力は大きくなるであろう。

ウクライナ戦争により、ソ連解体で独立した旧ソ連邦の国々は苦悩を深めるにいたった。それらの国家は米中競争によりさらに困惑することになった。米中ソ3国の圧迫を受けてきた国家はとりわけロシアを警戒するようになった。すでにロシアは2014年ウクライナにポロシェンコ政権が成立すると武力でクリミア半島を併合し、ドンバスを軍事紛争地にした。ロシアはベラルーシを圧迫してウクライナ戦争に参戦させロシアを支援せよと要求した。

米国は2021年11月ウクライナと戦略的パートナー関係を結ぶなどして、ウクライナを西側に組み入れ統制力を再び拡大しようとしている。ただ米国はウクライナ支援の範囲を米軍派遣以外の協力に制限している。米国のそのような動きに対応するように、ロシアが2022年2月ウクライナに侵攻した。状況がこのようになった以上、米国としてはロシアがウクライナ戦争で国力を消耗しつくして、米中競争で中国に味方できないようになることを望んでいるのかもしれない。

中国はロシアを米中競争における有力な支援者だとみなし、ウクライナ侵攻に対しても政治外交的にロシアを支持した。中国はNATO東進に反対し、ロシアの安保上の懸念を理解するとの立場を示した。ただし習近平主席は2022年11月オラフ・ショルツ独総理との会談でロシアがウクライナに「核兵器を使用してはならない」ことで一致した。

欧州連合（EU）は米国との伝統的・戦略的協力を維持しつつ、中国に対しては米国の政策にそのまま追従せずにEUの利益を考慮しなければという「戦略的自律性」を追求した。ＥＵと中国の経済的関係はそれほど深い。しかしウクライナ戦争で中国がロシアを支持するとＥＵでも中国牽制の動きも出てきている。ＥＵ最強国であるドイツは、経済の中国依存を下げることについて政治界と経済界で、温度差を見せはじめた。基本的にＥＵは中国とロシアをＥＵの戦略的競争者と見ている。

## 【３　米中競争の領域別展開】

山火事はタバコの火から始まる。そして稜線まで広がり時には山を燃やす。木が多ければ、火が広がり、風が強ければ、気候が乾燥するならば、鎮火は、更に難しいのだ。

### 貿易戦争

米中の競争は先ず貿易戦争として表面化した。ニクソン大統領の中国訪問で米中和解が始まった１９７２年以後の経済は米中関係の安全装置であった。米中両国は経済において相互依存的関係を維持し、それが米中関係全般を安定させた。しかし２０１０年を過ぎる頃から米国は中国の爆発的経済成長、特に技術発展が米国の優越的地位と安保までをも脅かすと判断した。米中経済戦争の始まりだ。

トランプ大統領は大統領候補の時から中国に対する貿易制裁を公約した。就任後トランプ大統領は２０１８年７月６日中国からの輸入品８１８種に25％という高い関税を課した。中国も米国産農産品、自動車、水産物などに25％の報復関税を課した。

トランプ政府の国家貿易委員長ピーター・ナヴァロは「貿易安保」を主張しつつ対中国強硬策をとった。貿易安保論とは特定国家が特定国家に対して持続的に貿易黒字を出すのは経済的手段を通じた侵略であるという主張だ。米中両国は間欠的に協調を行なったものの貿易戦争は続いた。

高い関税で米国市場における中国商品の比率は若干減少し、開発途上国の比率がやや上がった。しかし、貿易戦争の最大の被害者は米国の消費者という報告がある。米国消費者が使う中国製品が高くなったからである。それほどアメリカ人の生活は中国製品に多く依存してきたのだった。でなければ、どうして『中国製品無しの一年（A Year Without Made in China）』という本が刊行されたであろうか。その本は米国のある経済記者が、家族が中国製品なしに1年間暮らすのは可能なのかを試してみた話にもとづいて書かれた。

## 技術戦争

技術戦争は貿易戦争よりも更に熾烈に展開された。中国の通信企業ファーウェイ及び、その子会社である半導体企業ハイシリコンの膨張と米国の制裁が技術戦争のシグナルだった。米国は、情報通信と人工知能の最先端技術において優位を失うならば、経済はもちろん、ひょっとしたら戦争遂行にまで蹉跌が生じうると考えた。それは安保問題なのだ。

２０１９年、トランプ政権は世界各国の通信網からファーウェイの通信装備を排除するように圧迫した。米国の技術を用いる海外企業がファーウェイに納品しようとするならば、米国の承認を受けるよう要求した。ファーウェイ通信装備が米国の安保を脅かすという理由からであった。

先端技術戦争は半導体、データ、バッテリー、量子コンピュータ等のスーパー・コンピュータ、人工知能（ＡＩ）、稀土類元素、通話を含む金融や資本、医薬、軍事、宇宙等へと拡散した。米国は２０２１年11月、中国の12の量子コンピュータ企業に対する制裁を発表した。中国の量子情報技術が経済を越えて軍事にまで活用される可能性が大きいという理由からであった。

米国は技術覇権競争においては中国を締め出すために法制を整備し予算を増大して関連分野を支援しはじめた。２０２１年６月米上院は中国を牽制し、米国の技術競争力を強化するための「革新競争法（ＵＳＩＣＡ）」を議決した。その下位法としてＣＨＩＰ法、エンドレス・フロンティア（無限国境）法、戦略的競争法、米国未来確保法、中国挑戦対応法等も可決した。米国は連邦はもちろん、州単位でも行政措置と立法を急いだ。米国の対中国圧迫は正当な区分無しに超党的に、法令を通じ制度的になされている。それは技術競争が長期化するだろうという信号だった。

まるでにわか雨の如く集中的な米国のやり方は早急という印象さえ受けた。実際に米国は切羽つまっていた。米国は技術覇権を識別する基礎となる半導体、稀土類元素、バイオ等でも優位を守りたがる。しかしそれは容易なことではない。米国が2021年革新経済法をつくった同じ頃、中国でも「反外国制裁法」を全人代常務委員会で通過させた。米国を牽制する法律である。他の法制も整備し莫大な国家財政を投入して先端技術の開発に拍車をかけた。

2021年3月全国人民代表大会と政治協商会議の両会で李克強総理は「十年摩一剣（十年間一本の剣で行く。つまり長年研鑽を積んできた成果を発揮する、の意）」という言葉で業務報告を始めた。執念と真心で米国との技術覇権競争に臨もうという意思を表現したのだった。半導体〝堀起〟〈そびえ立つこと〉の目標は2030年だった。李総理の語る「十年」はそういう意味だ。実際に2030年ならば半導体の市場占有率で中国は台湾や韓国を抜いて世界第1位に昇るという展望が米国で報告されたりもした。

半導体等の先端技術分野は世界的供給網の奪い合いとなった。そして絡み合っている。相互依存性が前例ないほど大きくなったから、競争国家や競争ブロックの間で特定技術分野を遮断すれば大きな打撃を受ける。相互依存性の兵器化とよばれる技術覇権競争になった。

米国がファーウェイを圧迫したのも相互依存性の兵器化に属する。そうすることで、中国の半導体の掘り起こしを遅らせると米国は考えている。しかし半導体の圧倒的な消費市場である中国を民間企業が完全に排除することは容易なことではない。米国のファーウェイ制裁に完全に同調する国は8か国だけだったとの調査結果もある。

## 体制競争

バイデン大統領は2021年1月29日の上下両院合同会議で、21世紀は民主政治と専制政治の間における競争結果で規定されるだろうと語った。米国が民主主義同盟国との連帯によって中国とロシアを牽制しようとする宣言だった。中国も黙っていなかった。習近平主席は「全ての国は各々固有の歴史、文化、社会体制をもっており、どこも他国より優越なのではない」と反駁した。米中の体制競争は立法により、また政府の高官の発言として、また自由諸国との連帯として示されていくだろう。

それはトランプ時代から始まっている。2018年、米国議会は台湾、チベット、新疆ウィグル、香港等に対する関与を積極的に行った。それらの地域は人権云々や独立要求等が提起された。しかしそれらの地域は、中国が「核心的利益」として外部からの干渉を強力に拒否している。その年の米国議会は「台湾旅行法」、「チベット相互旅行法」、「香港人権・民主主義法」を次々に制定した。中国が2020年5月に香港国家安全維持法を制定すると、トランプ政権は香港に対する経済的優待処置を撤回した。その年の7月には米国議会が金融制裁を含む香港措置法を議決した。

2020年7月の演説においてポンペイオ国務長官は、ニクソン大統領が中国を訪問した1972年以来半世紀にわたる対中国関与政策が達成できなかったのであり、もはやそれを継続しても、そこに回帰してもだめだと釘をさした。彼は自由世界が連帯して、中国という「新しい専制国家」に勝たなければならないと語った。

同じ年の10月、ポンペイオ長官はより露骨に中国の体制にねらいを定めた。彼はコロナ事態が中国共産党の閉鎖的で不透明な住民抑圧が原因で発生したと主張した。彼は中国が世界覇権を夢見ており、米国が中国を変化させなければ中国が米国を変化させてしまうと警告した。

トランプ政権の後を継いだバイデン政権は同盟重視を標ぼうし、民主主義を強調した。バイデン政権は2021年12月中国、ロシア、イラン等を除外する世界110ヵ国のニールワークネットを集めて「民主主義正常会議」を開いた。

体制競争は米国が中ロの政治体制を「専制的」と規定し、他者化する方式に進展していった。中国の中国流の社会主義とロシアの主権民主主義は彼らにしたら独自的な文化、伝統、価値を持ち続けていくという「独立宣言」かもしれない。それが西側の目には強権国家主義と映る。米国はそれにねらいを定めたのだ。

## 文化競争

覇権国に要求される力には、経済力、軍事力とともに文化力も含まれる。従来、覇権国は文化でもって世界人類を魅了した。英国のパックス・ブリタニカ、米国のパックス・アメリカーナがそうであった。

中国もそれを以前から準備している。中国は自国の言語と文化を世界に知らせる「孔子学院」を2004年ソウルで始めて以後、世界の各地に設立した。2010年以後はアフリカに集中的に設立した。2020年までに世界162ヵ国に550個所に及び、その数は1170にのぼった。2018年米国連邦捜査局は孔子学院がスパイ活動に利用されているとして捜査したこともあった。

中国は映画産業にも力を注いでいる。パックス・アメリカーナの形成にハリウッドがどのように寄与したのかを中国はよく理解している。中国では所得が上がり小さい皇帝（ひとりっ子の時代の子供）として育った青年世代が増え、映画市場も急速に拡大した。そこに目を付け中国はハリウッドに挑戦する「チャリウッド」を育成した。その内容と水準は世界の人を魅了するには普遍性が不足し、未だ「中国的」との限界があるといわれる。しかし、中国が文化発掘に進み出たのは事実である。一歩進んで中国はデジタル・プラットホーム競争にも打って出ている。

現代版「中体西用」と言えるだろう。文化戦争において中国は外形を模倣することから始めたが、内容を中国的に満たしつつ米国を一つずつ追随しようとする。中体西用は中国の精神を維持するが、西洋の技術を受容して国家を発展させようという清国末期の思潮だ。そのような考えを朝鮮は「東道西器」、日本では「和魂洋才」といった。

中国は国際貢献にも活発に進み出ている。国際貢献は軟性強国（Soft Power）のイメージを拡散するのに寄与する。まさしくトランプ大統領が「米国優先主義」を掲げて国際貢献から足を抜いた時期に中国は反対に行動をおこした。

トランプ大統領は前任のオバマ行政府が合意していた環太平洋経済パートナーシップ協定（ＴＰＰ）脱退を２０１７年に宣言した。また、２０１７年にユネスコからも脱退し、２０１８年にはイラン包括的核協定を破棄した。２０１９年にはロシアとの中距離核戦力協定（ＩＮＦ）を破棄し、気候変動枠組条約脱退を宣言した。それは経済、環境、保健等で米国のリーダーシップを大きく損なうことになった。その中でパリ協定（気候協約）とＷＨＯでは後任のバイデン大統領が米国の復帰を決定している。

中国はコロナ19を統制した以後、百以上の国々にマスクや診断キットを含む防疫物品を送り、医師も派遣した。国際社会はそれを中国の「マスク外交」と呼んだ。中国はコロナ19が中国の武漢から始まったという批判を挽回しようとするように「マスク外交」を積極的に行った。

特に中国は国際連合食糧農業機関（ＦＡＯ）、国際連合工業開発機関（ＵＮＩＤＯ）、国際電気通信連合（ＩＴＵ）、国際民間航空機関（ＩＣＡＯ）等の議長に任じられている。国際連合の分担金を米国の次に多く出しており、米国が抜けたユネスコ等の国際機構でも分担金を増やしリーダーシップをとっている。

### 軍事競争

軍事力では米国が中国を凌駕していると米国は分析する。米国は中国の激しい追撃を押さえ、格差を維持するために多角度戦略を繰り広げている。

米国は2007年から日本、インド、豪州と共にクワッド（Quad）という4者安保協議体を稼働した。インドは一時曖昧な態度を示したが、中国とインドの2000年ラダック流血紛争以後、積極的な態度に変わった。2020年にはトランプ政権のビーガン国務副長官がクワッドに韓国、ベトナム、ニュージーランドを追加して「クワッド・プラス」に拡大するという考えを明らかにした。「クワッド・プラス」は未だ発足していない。

クワッドは中国の軍事的拡張を防ぐための米国の対応装置だ。アジアの三大強国は中国、日本、インドだ。その中でインドと日本、大洋州の豪州を組み入れたのがクワッドだ。日本とインドの次のアジア強国が韓国とベトナムだ。ニュージーランドは豪州と共に英連邦国家として米国と歴史的・文化的に近い。クワッド或いはクワッド・プラスは中国を除外したアジア強国をまとめ、中国を包囲して牽制しようというのである。

中国は経済成長が若干鈍化しはじめており、低出産と高齢化が進んでいる。インドは経済の高成長に進入し、人口も増え続けている。それで2050年にはインドが世界最強大国になるという観測も出ている。米国で最も高い所得を得ている人々もインド系である。

米国が同盟との軍事的連帯を通じて中国と北朝鮮を牽制しようとする戦略は2022年日本で具体化された。2022年12月、日本は敵国のミサイル基地等に対する「反撃能力」を保有する等防衛力を強化し、5年後には米国、中国に次いで世界3位の防衛力をもつと宣言した。日本は中国、北朝鮮、ロシアを最も敵国だとし、米国、韓国、台湾を協力国家と分類した。

既存の日米同盟では、日本有事の時は米国が矛《ほこ》、日本は盾《たて》の役割を果たすとして分担してきた。しかし、日本の「安保3文書」は有事の時は日本が矛と盾を兼ねることができると示唆した。それには自衛隊の役割の拡大と装備の強化がなされなければならない。日本には軍事力と軍事役割の強化に対する法的な制約がある。日本の軍事力強化は米国の武器の購入拡大を意味するとの分析もある。

## 【4　繁栄のための五つの提言】

危機は社会の強さを引き出すのか、弱さを現わすのか。国家的生存の危機だ。韓国社会を抑え閉じ込める名分論と陣営主義を克服しなければならない。安保（平和）問題では明らかにより悠然と対処するのが正しい。

### 強大国の外交を明確にしよう

韓国の立場では米中競争の時代、韓国の戦略を安保は米国、経済は中国（「安美経中」）と呼ぶ。そのような発想は米中関係が平和であれば通じることだ。しかし、米中両国が険悪になるとそうした発想は通じがたい。

「安保は米国」という言葉は、韓国の安保が韓米同盟の基盤の上に立っているという意味で正しい。韓国の安保と韓半島の平和は米国に大きく依存しているのが現実だ。その基礎は重要である。北朝鮮の核問題も、北朝鮮と米国が主要な当事者として対処してきている。しかし、北朝鮮の核問題と朝鮮半島（韓半島）の平和の確保には中国の協力がなくては不可能だ。

「経済は中国」という言葉も貿易や投資など韓国の経済関係で中国の比重が大きいという意味で間違っていない。しかし、技術覇権競争において韓国は米国主導の半導体協力体チップ4に参加しはじめた。韓国は米国主導の経済協議体であるインド太平洋経済枠組み（ＩＰＥＦ）に加入した。米国と日本が主導する環太平洋経済パートナーシップ協定（ＴＰＰ）から米国は脱退したけれども、その後日本主導で再編された環太平洋経済パートナーシップに関する包括的及び先進的な協定（ＣＰＴＰＰ）に韓国や中国は加入することにした。

米中経済と安保が不可分な時代は経済や安保を区分することは困難な状態で展開されていく。過去の冷戦は理念と軍事と経済において世界を二つの陣営に分けた。今や先端技術を含めた経済戦争と軍事対立が平行する様相を持ちはじめた。これからは経済が安保であり、安保は経済である。世界は「経済安保」の時代に入った。

米国と中国のうちどちらか一つに重心をより多く懸けなければならない場合も

あるだろう。そういう時こそ他の一方の存在も念頭におきつつ、分野別の個別戦略とそれらを合わせた複合戦略を共に模索しなければならない。

２０２２年12月末、政府が発表したインド太平洋戦略は韓国外交に多くの課題をもたらした。今更変えることは難しい。韓国はそれを朝鮮半島と東アジアを越えてグローバル外交に進む契機としつつ、同時に地域安全に寄与する役割を創意的に果たしていかなければならない。

米中競争時代において韓国はジレンマに陥っている。しかし、すべての機会がなくなったわけではない。韓国はどちらかの側であれ、自分たちの方に導きいれたいとされる国になった。韓国は総合力世界6位、経済力10位、軍事力6位の国家だ。韓国のそうした力を活用しながら強大国に対する外交を確実にしていこう。

## 繁栄の問題にはもっと鷹揚になろう

未来への準備は現在をよく知るところから出発しなければならない。韓国にとって未来の繁栄は先端技術の開発と確保にかかっている。半導体やバッテリーは韓国が技術と生産力量を保有する分野だ。宇宙技術や先端軍事技術は米国に大きく依存している。5G通信装備や原料医薬品は中国産を多く使用する。韓国は米中競争の様相の変化に悠然と対応し、韓国の実力の増大を図らなければならない。

グローバル供給網の再編過程において中国依存を緩和するようにパートナーを多角化させ、韓中関係を包容的に導いていく悠然とした戦略を駆使する必要がある。バッテリー、電気自動車、医療器材と装備、5G通信装備等はある程度中国に依存する以外にはない。米国主導の供給網の再編過程で米国に協力するとしても、中国との友好的交流関係を維持する努力を並行して行わなければならない。

米国の企業が主導するデジタル・プラットフォーム競争においては、支配プラットフォームの上に応用プラットフォームを追求しつつ、韓国プラットフォームの開放的互換性を維持する必要がある。人工知能、クラウド、データーのようなデジタル・プラットフォームの分野は米国企業が優位を占めるが、韓国が独自的プラットフォーム、或いは生態系を構築する余地もある。電子商取引やピンテック等インターネットサービスのプラットフォーム分野では、グローバル標準化との互換性を維持する開発的互換戦略を模索しなければならない。

米国が相対的に優位の先端防衛産業のような分野では米国と緊密に協力しつつ、韓米安保協力をアップグレードしなければならない。宇宙技術の分野でも主要国の競争において発見しうる隙間を攻略しなければならない。既存の宇宙強国と差別化される隙間戦略を推進し、中堅国及び開発途上国と宇宙協力を拡大しなければならない。

メディア・コンテンツの分野で米国のプラットフォーム支配力と韓国のコンテンツ生産力の間の隙間を開拓しなければならない。ネットフリックスやディズニープラスのような米国ＯＴＴ企業の韓国進出は韓国ＯＴＴプラットフォーム企業にとって危機ではあるけれども、米国企業の大きな投資は韓国コンテンツ産業に機会となりうるだろう。中国コンテンツ企業が韓国投資を増やす状況も活用できるであろう。各分野のプラットフォームを掌握した勢力と開放的な互換性を維持しつつ、コンテンツ競争力を育てて韓国の価値を高めなければならない。

## 友邦諸国と連帯外交を推進しよう

集まると力は増大する。まして韓国は今や弱小国ではない。目指すところを同じくする中堅国と知恵を集めなければならない。「戦略的自律性」を育てなければならない。

冷戦時代と異なり、現在は外交的・経済的にもう少しゆったりとした陣営を形成しつつ、選択的分野で競争すべきだ。いろいろなブロックが形成されるけれども、必ずしも排他的に構成されるのではない。多くの国が時には重複的或いは選択的にブロックに加入する。

二国間及び多国間の次元で国主導のサイバー同盟外交に対応しながら東アジア及びグローバルの次元で「同志国家」連帯外交を推進する必要がある。米国主導の西側のネットワークに参与するとしても、中国を不必要に刺激しない道を歩まなければならない。

米国と中国が提示するフレイムワーク以外に韓国が中堅国としてリーダーシップを発揮することができる連帯外交の枠を開発しなければならない。メキシコ、インドネシア、韓国、トルコ、豪州が参与する中堅国の外交協議体ミクタ（MIKTA）、先進及び中堅15ヵ国が参与するグローバル人工知能パートナーシップ（GPAI）、東アジア地域協力協議体のアセアン＋3、アセアン地域安保フォーラム（ARF）等も格好の舞台だ。

「ワシントンコンセンサス」と「北京コンセンサス」の複合モデルとして中堅国韓国の魅力を生かす「ソウルコンセンサス」モデルを模索しなければならない。

## 通商国家として世界と上手に交わろう

この本の冒頭に書いたように、大韓民国は通商国家である。世界の200余の国家といかなる形態であれ貿易を行い、その力で経済を営んできた。貿易を引き続き拡大しようとすればどの国ともきちんと付き合わなければならない。どの国にも敵対感情を向けてはならない。

我が国の祖先は中国に新しい国家が登場すると、どう親しく交わるのかをめぐり、内部抗争に明け暮れてきたものだった。今や大韓民国はそうした国ではない。

貿易相手を選ぶのではなく、世の中は白黒で分けることができるものでもない。少なくとも貿易相手に対して理念で彼我を分けてはならない。

尹錫悦大統領がアラブ首長国連合（ＵＡＥ）を訪問した際に、イランはＵＡＥの敵国と語ったことは間違いであった。イランが韓国の敵国だとは語らなかったが、イランとＵＡＥの関係改善を無視しており、イランが韓国とも良くない関係であるように聞こえるからである。

あらゆる国ときちんと交わることが難しい時もあろう。それにも拘わらず、韓国の貿易等経済に及ぼす悪影響を最小化する知恵を発揮しなければならない。我々は通商国家の宿命を忘れてはならない。

## 米国は同盟国の韓国を尊重せよ

米国は韓国の唯一の同盟国である。韓国と米国は民主主義、人権、法治主義、市場経済、公正な経済等の価値を共有している。安保を中心とした韓米同盟が今や先端技術等の分野にも拡大している。同盟は当然尊重しなければならない。国家の志向するところを明らかにしつつ国際社会の信頼を維持しなければならない。

しかしその米国にも言うべきことは言おう。台湾有事の時に駐韓米軍を投入することを韓国は決して受け入れることはできない。同じ米国の同盟であるけれども、韓国の安保環境は日本や豪州とは異なる。同盟国韓国が朝鮮半島の平和のために必要な役割をすることを米国が同意し、支援することを韓国は望んでいる。朝鮮半島平和の最大の当事国は韓国だ。

経済と技術においてもそうだ。米国は半導体力量を強化するために韓国、日本、台湾とチップ4を結成している。韓国も参与し始めている。ただし、韓国は半導体輸出の約60%、素材輸入の約60%を中国と香港に依存している。米国との半導体技術協力と中国に対する輸出輸入をバランス良く両立することが出来る知恵を発揮しなければならない。同盟が富強になっていくことは米国にも助けとなる。そうした点で米国のインフレ抑制法（IRA、過度なインフレを抑制すると同時にエネルギー安全保障や気候変動対策を迅速に進めることを目標にした2022

年8月16日成立の法律）が現代電気自動車を補助対象から排除したことは間違いなのだ。

２０２２年10月30日付「ニューヨークタイムズ」はウクライナ戦争以後の各国とロシアの貿易変化を報道した。英国はマイナス79％、スウェーデンはマイナス76％、米国はマイナス35％、韓国はマイナス17％、ドイツはマイナス３％だった。反対にインドはプラス３１０％、トルコはプラス１９８％、ブラジルはプラス１０８％、ベルギーはプラス81％、中国はプラス64％、スペインはプラス57％、オランダはプラス32％、日本はプラス13％だった。韓国はロシアとの貿易減少を甘受しつつ米国と共にしている。米国は同盟とのこうした現実を直視しなければならない。

韓国は１９５０年代世界の最貧国の一つから、今や総合国力世界6位の国家に跳躍した。「UNニューズ・ワールド・レポート」が２０２２年の国力をそのように評価した。韓国は米国の支援で安保を維持し、広範囲で米国の影響を受けて発展してきた。そのような意味で韓国の成功は米国の成功である。韓国の成功を米国は誇らしく思えるはずだ。朝鮮半島に平和を定着させ、より繁栄しようとする韓国国民の願いを米国が理解し支援してくれることをに望んでやまない。

# 第4章　「ソフト強国」のための新外交

過去は名残り惜しいが、しかし現在はもどかしい。とにかく新しい未来に備えなくてはならない。未来外交のビジョンを私は「ソフト外交」であると見た。脱冷戦以後、世界秩序のパラダイムに変化を迫る最大の転換期をわれわれはいま目撃している。これまでの視点と認識の枠組みでこれからの情勢を読み通すことは出来なくなった。

もはや領土の広さ、人口規模、軍事力の大きさで、その国の力量を判断する意味はなくなりつつある。その代わりに、人で言えば人格に当たる国格、つまり科学力、文化力に象徴される国の風格を高め、互恵によって国際関係を形成する外交の必要性が高まる時代に向かっている。これが私の言うソフト強国であり、その実現のためのソフト外交である。

## 【1　なぜ「ソフト強国」新外交なのか】

現代の文明は伝統的な強大国が主導して形成された。その結果、人類は便利さを享受したが一方で人の人生には常に不安がつきまとい、「地球村」は対立が広がった。必然的に人々は代案を探し求めるようになった。硬直したものより柔らかいもの、経済においても、重厚長大のハードウェア重視の時代から、先端技術重視のソフトウェアの時代に世界は向かっている。

ソフト時代は人類の幸福を増進させる先端技術力、文化コンテンツの果実を共有する包容力のある国力を必要とする。そこにこそ韓国の未来がある。韓国はソフト強国を目指さなければいけない。

韓国はすでにソフト強国の可能性を世界に立証している。国家の存在感においてG10、技術力でT10、民主主義度ではD10の国として認められている。半導体・バッテリーの先端技術は世界のトップを走っている。「韓流」の文化的深さは世界を魅了している。ローソク革命は世界の民主主義の共有財となった。韓国は自信をもってソフト強国の可能性を開いていけるはずだ。

ソフト強国の完成は、国民の日常に平和と幸福をもたらす。韓国はそういう国になるということだ。そして韓国の先端技術、文化コンテンツ、包容的力量によって韓国の版図が地球村の隅々にまで広がり、世界が、より安全で、より豊かで、より幸福になる、そういう未来に貢献する国として韓国が発展することである。韓国は世界的な問題に先んじて取り組み、解決していく模範国をめざし、やがて世界のいずれの国も協力を求めるパートナーとして発展して行かなければいけない。新外交はそのために必要なのである。

## 【2　新外交の目標と基本方針】

### 目標

新外交の目標は「一人一人の人生を守ってくれる国」を支えることである。地球村においては外交は国内政治より重要となる。

新外交の最優先は朝鮮半島の非核化を達成し、恒久的な平和体制を構築することである。これは当然すぎるほど当然である。米韓同盟を基盤として、南北間の信頼を促進し、周辺諸国の支援と協力を勝ちとらねばいけない。

それはまた、朝鮮半島と東アジアの共同繁栄をけん引するだろう。南北分断体制は南北の発展を阻害し、東アジアの平和的経済発展を妨害してきた。韓国のソフト外交は朝鮮半島の平和を実現し、南北と東アジアの共存共栄に主導的役割を果たすはずである。韓国国民もまた、日常の平和を享受できる国際環境を目指すソフト外交によるソフト国家としての韓国を支持するだろう。

## 基本方針

### 1　コリアンイニシアティブ外交（KＩ外交）

朝鮮半島の問題解決は韓国が主導する外交（コリアンイニシアティブ外交、ＫＩ外交）によって実現されなければいけない。

ＫＩ外交とは、朝鮮半島の平和は北朝鮮に対する圧力だけでは実現できないという判断に基づく。

具体的には、北朝鮮との協議を急ぎ、包括的合意を、段階的に、行動対行動で、朝鮮半島の非核化のロードマップを作って実現しようとするものである。

#### 北朝鮮は核能力を凍結し寧辺の核施設を廃棄する

その一方で米国は北朝鮮と平和協定を締結して米朝関係を樹立する。韓国は金剛山観光と開城工業団地の再開・鉄道・道路の連結、人道支援等による新局面を確保しなければいけない。

米国が北朝鮮との国交樹立をまずもって決行し、東アジアの緊張構図に突破口を開くことが望ましい。そうすることによって完全な非核化と平和体制が形成されていくだろう。

## 2 プラザ外交

新外交にはプラザ外交が伴う。すなわち韓国が地球村の広場にならなければいけない。プラザ外交はそれ自身の中に世界を抱えている。韓国はいろいろな対立と葛藤の場から和解の広場へと転化しなければいけない。仁川空港がそうであるように世界政治のハブに、すなわちプラザになれる潜在力を秘めている。韓国は水平的で開放的で自由で透明な民主主義と市場経済の空間になり得る。韓国ではローソクの火の力が新しい政治を誕生させたように、プラザは底知れない力を秘めている。

韓国の国益と平和・繁栄の未来のために世界のいずれの国とも、ともに歩み、努力する国になれる。

## 3　包容外交

包括外交は「我々がいるからあなたたちがいる」という「ウブントゥ」外交である（註：Ubuntuとは南アフリカ原住民族の一つ。ズール語で、他者への思いやりという意味）。

韓国が朝鮮戦争の廃墟の中で絶望している時、世界からは激励と支援を惜しみなく受けた。今度は韓国が手を差し伸べて地球村の難国の痛みを解消することにたちあがらなければいけない。

包容外交は決して韓国内の包容と分離していない。韓国が国内で包容を実践し、そうした経験と信念でもって世界に向けて包容していくのである。それがソフト外交につながるのである。

## 【3　新外交の戦略】

コロナ禍の不幸な時代に、世界は弱肉強食、優勝劣敗、自然淘汰という状況を身をもって体験した。

しかし、コロナ禍以降の時代における国際社会はそうであってはならない。各国はそれぞれの国の品格を保ちながらお互いを尊重し、共に生きる新興国際関係へと進まなければいけない。

先に書いた「ウブントゥ」精神でもってやれば新興国際関係形成の役割を韓国は先導的に果たせるに違いない。

２０１９年の第72回カンヌ国際映画祭で韓国初のパルム・ドール賞に輝いた「パラサイト・半地下の家族」のテーマは両極化である。韓国内でも国際社会でも、両極化は深刻である。地球村のすべての国が最小限の生活を確保する必要があるように、グローバル人道主義の精神で支援していかなければならない。

## 品格ある国際関係に向かわなくてはいけない

米中競争も文明の衝突ではなく、国家哲学の違いを克服していく過程であることを期待したい。米中両大国の信念と信頼に基礎を置く関係を構築し、国際秩序の安定に寄与することを望むばかりである。

## 米中競争の中で韓国がとるべき外交

まずなによりも、米韓同盟が朝鮮半島プロセスを具体的に始めるための第1歩を歩み出さなければいけない。

米国が本当にインド太平洋戦略を進めようとするなら、米韓同盟もその戦略の枠内で新たなものにする必要がある。

韓中関係は国交樹立30年を越えたので新しい30年を準備しなければならない。

韓国、米国、中国は、北朝鮮の核問題解決のための朝鮮半島平和プロセスにおいて協力し、ひいては東アジア繁栄においてもともに協力せねばならない。

中国も朝鮮半島を米中競争の空間ではなく、未来に向けてともに歩む東アジアの隣国として見るべきである。

日韓関係は、1998年10月に合意された金大中・小渕恵三宣言「21世紀に向けた新たな日韓パートナーシップ」に立ち返って新しく出発するべきだ。日本は過去の歴史問題から逃避せず、大国としての品格をもって解決することに努め、韓国をグローバル・パートナーとしてとらえ、向かい合ってほしい。韓日はこれまで以上にお互いをよく知り、その上で、お互いによく配慮していくことが、ともに国益になるだろうし、次世代への素晴らしい贈り物になるだろう。ヨーロッパは、ヨーロッパ連合（EU）が形成された歴史とその教訓を東アジアでも活かすことが必要である。

## 韓国が学ぶのは米中や日本、EUからだけではない。

近年すこぶる成長の勢いを見せているアセアンとインドからも韓国は学んでいる。

さらに、飛躍を目指しているアフリカ諸国から得るべきことは少なからずあるはずだ。

中進国（ミドルパワー）の韓国は、オーストラリア、インドネシア、インド、南アフリカ共和国とリンケージして中進国同士の網の目外交を進めていくようにすることも韓国新外交の課題である。

## 【4　平和と繁栄の外交のための提案】

### 1　平和のための提案

尹錫悦大統領は2022年8月15日。光復節の祝辞で就任後はじめて、北朝鮮に対する提案を公にした。みずから「大胆な構想」と呼ぶ提案は北朝鮮が核開発を中断して非核化へ転換をすれば、その段階にあわせて経済支援をするというものである。

経済支援には、大規模な食糧供給、発電と送配電のインフラ支援、港湾と空港の近代化支援、農業技術の支援、病院と医療インフラの近代化支援、国際投資と金融支援などである。それらに加えてさらに制裁解除を米国に働きかける用意があることを公にした。

しかし、北朝鮮の核政策は、いまや「経済」ではなく、「体制生存」と深くかかわっている事実を韓国政府は認識しなければならない。北朝鮮の核武装が体制生存のためのものであるとするなら、それにふさわしい提案がなされなければならないのだ。尹大統領の提案にはそれがない。

北朝鮮はこの尹大統領の「大胆な構想」を即刻一蹴した。米朝関係正常化と朝鮮半島の平和体制構築に関する提案なくして、経済支援の提案だけで北朝鮮が非核化に呼応すると期待する段階はすでに過ぎた。尹錫悦政権は米国と北朝鮮を同時に説得する必要があるが、果たしてそれができるだろうか。

尹大統領は韓国内の核武装論に対して、「米国の核の拡大抑止の画期的強化を進める一方で、同時にいくつかのオプションを見渡している」と言って議論の門を開いたが、その結果韓国内では核武装についての賛否の議論が高まっている。

私は韓国が核武装することは現実的でなく、また賢明でもないと考えている。核武装は米韓関係を悪化させるはずであり、米韓関係が悪化すれば、韓国の安全保障は損なわれる。米韓関係が悪化した時、韓国はどの国と同盟関係を結ぶかどうか、という議論が必ず巻き起こる。

いずれにしても核武装論は、緻密な準備なく結論を先に出すようなことを避け、国家安保戦略のロードマップを先に議論することだ。

朝鮮半島に平和を定着させる意思と哲学と力量を持たなければいけない。それが不足するなら、北朝鮮に対しても米国等関係主要国に対しても、韓国は中身のある役割を果たし得ない。

韓国はまた、政権が代われば対北朝鮮政策を大幅に変えてしまうという悪しき前例を断ち切り、継続する制度と文化をつくる必要がある。

私はここでもう一度、韓国の外交・安保戦略について私の構想を繰り返したい。

まず第1に、韓日米対中国、ロシア、北朝鮮の対立構図に韓国を埋没させてはならないということだ。

そして第2に、国防力は静かに、徐々に、そして確実に強化していくことだ。

第3に、韓日米3ヵ国の連帯関係において、韓国は米国に対しても日本に対しても、言うべきことははっきり言うということだ。

そして第4に韓国は中国、ロシアに対しても立場をはっきりとさせる。そして、韓国の生き残りにとって最も重要な北朝鮮との関係、それは北朝鮮の現実を正しく認識し、直視し、対話を進めていくという事である。

## 2　繁栄のための提案

ニューズアンドワールドレポート誌が発表した2022年度最高の国家の順位が、韓国を堂々と世界6位の国に掲げた。国際通貨基金（IMF）は韓国を一人当たりの国民所得5万ドルを超える豊かな国に位置づけた。韓国はいまや世界が注目する経済力のある国になった。

韓国は現在、為替変動や人口減少によって苦しい状況にあるが、日本を含め欧米主要国と肩を並べる国になった。これらの国がいずれも植民地を持ち、宗主国、つまり帝国主義国をへて今日の繁栄を築いた国であるのに比べ、韓国はかつて日本に併合・統治され、さらに戦後は朝鮮戦争を経て南北に分断された不幸を経た国である。その韓国がここまで成長したのは、ひとえに韓民族一人ひとりの血と汗と涙の結晶であると言ってもいい。しかしながら、韓国は地政学的に有利であるよりも不利な立場にあり、常に国際政治の危険を抱えていることを認識しなくてはいけない。韓国の繁栄には平和外交戦略が不可欠である。

その韓国がいま直面してる最大の危機が米中対立である。米中関係が平和的な時は韓国は両国と仲良くし、米中をうまく活用して発展することができた。ところが今のように米中が激しく対立するようになると、韓国はその板挟みで経済的繁栄の未来を失うばかりか戦争の危機に立たされる恐れが出てきた。だからこそ韓国は自らの置かれている状況をよく認識し、緊張感をもって戦略的思考を駆使して対応しなければいけない。そうしてこそ、韓国は生存できるのである。

韓国外交はまずもって「井の中の蛙」から一日でもはやく抜け出さねばならない。世界の外交に対する無知の感覚の鈍さから目覚めなければならない。そうしなければ、韓国はせっかく先進国の玄関口に入ったのに、そこから転げ落ちることだってあるのだ。ここは、韓国としては辛抱のしどころである。うぬぼれることなく官民一体となってかつての苦しい時代を振り返り、識見、共感能力、魅力、ユーモア感覚などをもって韓国のイメージ向上に努めなければいけない。国家も、とどのつまりは人間の集まりである国民によってつくられる。指導者はその国の国民と同一視されるものだ。そのことを国民も指導者もともに忘れてはいけないのである。

## 人々の人生を守る、ともに幸福な「ソフト強国」に目指して

新しい未来へのビジョンが必要である。すべての国民のための「国民の家」を建て、福祉国家を目指して大胆かつ確実に一歩一歩進まなければならない。世界で最も幸福な国、最も安全な国、最も立派で人的資源を備えた国、そういう国に韓国がなることを私は夢見ている。

現在は少し滞っているが、韓国は平和経済をエンジンとして、再び活性化しなければいけない。朝鮮半島を、世界の最高、最後の投資が集まるプラザに変貌させたい。

都羅山駅《トラサン》が京義線《キョンギ》（ソウルと北朝鮮の新義州《シニジュ》間の路線）の南北にまたがる韓国―北朝鮮に向かう最後の駅ではなく、最初の駅にしなければいけない。そうした平和と繁栄の列車を出発させたいと思う。韓半島に新経済共同体をつくるよう、韓国が力強く導いていかねばならないと思う。そうして、平和を基礎にして韓国を世界の主要国の仲間入りへと、もう一段階、跳躍させたい。

韓国はこの溢れんばかりの未来に向かって歩んで行かなければならない。歪曲された過去が未来を見えにくくしている。不安な現在が未来を不透明にしている。歪曲と不安を拭《ぬぐ》って確実な夢とビジョンで未来を開拓しなければならない。

私の夢は「私の人生を守ってくれる国を建設すること」である。「ソフト強国新外交」はそのような国を建設するのに寄与する外交である。韓国国民が平和と繁栄の模範国家として発展し、人類がともに発展の果実を享受できるように助けあうのが私の若いころからのかけがえのない夢だった。そんな夢に一歩でも二歩でも近づくために、「私の人生を守ってくれる韓国」、そして、「安全で幸福な韓国」を建設せねばならない。

# 編集後記

韓国の文在寅政権（2017年5月10日―2022年5月9日）の下で国務総理（2017年―2020年）を務めた李洛淵《イナギョン》氏が、「大韓民国の生存戦略―李洛淵の構想」という本を韓国で出版したのは今年（2023年）の5月のことでした。

李洛淵氏と言えば、東亜日報の東京特派員を務めた後、全羅南道の知事や国務総理を歴任した知日派として日本でも知られた政治家ですが、2022年3月9日の大統領選を前にして、「共に民主党」の大統領選候補者を選ぶ選挙に挑戦して敗れ、「共に民主党」の大統領選候補者になった李在明《イジェミン》氏が、2022年5月の大統領選挙で尹錫悦候補（国民の力）に0.7％の僅差で敗れ、尹錫悦大統領が誕生して今日に至っていることは周知のとおりです。

李洛淵氏は、失意の中で米国に一年間滞在し、韓国の将来について思いを巡らせて、韓国がこれから世界の中で生き残るにはどうあるべきか、自らの構想を練り、それを帰国直前の２０２３年5月に本にして出版したのです。

おりから、国際情勢は、２０２２年2月のロシアによるウクライナ侵攻から始まったロシアとウクライナ戦争の長期化、世界を分断する米中関係の緊張化、さらには今年10月7日に起きたハマスのイスラエル越境侵攻をきっかけとしたガザ情勢の緊迫化など、危機的状況にあります。

そんな中で、韓国は来年（２０２４年）4月、総選挙を迎えます。そのタイミングで出版された李洛淵元韓国総理の「大韓民国の生存戦略―李洛淵の構想」という本は、日本にとっても関心を持たざるを得ません。そう考えて展望社はその日本語訳の発行を企画しました。

その後の経緯については、李洛淵氏がこの本の冒頭に書いた「日本の読者の皆さんへ」の中で詳しく触れられていますからここでは繰り返しません。

ここでは、本書を企画・翻訳・編集・発行した展望社から見た、この本の意義と編集方針について若干の説明させていただきたいと思います。

まず、冒頭に掲げた「日本の読者の皆さんへ」というメッセージは、李洛淵氏がみずからの著書である「大韓民国の生存戦略—李洛淵の構想」の日本語訳に応じた後で、どうしても日本の読者に伝えたいと考えて書いた渾身のメッセージであるという事です。

つまり、韓国国民に向けて書いた生き残りの戦略構想は、そのまま日本国民にも当てはまる、だから日本国民もみずからの生き残り戦略を韓国国民と一緒に考えようではないか、その思いがほとばしるメッセージになっています。

その内容は、韓国で5月に発行された「大韓民国の生存戦略—李洛淵の構想」の中の随所に見られた李洛淵氏の考えに基づくものですが、その後の国際情勢の激変や、それに対応した尹大統領の外交安保政策を見極めた上での新しい考えが提起されています。

その意味で、この「日本の読者の皆さんへ」というメッセージは、韓国国民にとっても新しい提言になると思います。

そのことを考えて、本書の表題も、単なる「大韓民国の生存戦略—李洛淵の構想」の日本語訳ではなく、「日本の読者の皆さんへ」で伝えようとしている内容に即して、「世界平和に貢献する韓日協力―李洛淵の構想―」という新しいタイトルにしました。

本書は、単なる翻訳本を超えて、あらたな李洛淵氏の書下ろし本となったものと捉えてもらってもいい本になりました。

そうはいっても、やはりこの本の中心部分は、5月に韓国で出版された「大韓民国の生存戦略―李洛淵の構想―」の日本語訳であることには変わりありません。そして、この日本語訳を読まなければ、冒頭の「日本の読者の皆さんへ」という李洛淵氏のメッセージを正しく理解することはできません。

従って、「日本の読者の皆さんへ」に続いて、李洛淵氏の出版された原本の全訳をその後に掲載しました。

そしてその全訳は日本語に堪能な李洛淵氏に読んでいただき、それを展望社が李洛淵氏と時間をかけて校正して、できあがりました。

日本語訳に際しては、出来るだけ原本に忠実に訳しましたが、日本語として読みやすく、またその後の情勢の変化により加筆修正しました。

また、原本の第4章「私の外交経験と韓国外交の方向」については、日本の読者には関心が低いと思われたので、本書をなるべく簡潔にするために割愛しました。

同様に、原本に付録として添付されている三つの講演録、すなわち、1. 朝鮮半島の非核化と平和のための現実的、実用的アプローチ。2. 米国の夢はまだ終わっていない。3. もう一度朝鮮半島の平和を模索する。以上で述べられている考えは、原本の随所で繰り返されているので、割愛しました。

いずれも李洛淵氏の了解を得た上で行ったものですが、原本の日本語訳を含め、全ての責任は展望社にあります。

今年は、ますます国際情勢は流動的になることが予想され、それにどう対応すべきか、各国とも正念場を迎える年になりそうです。

そして米国もロシアもウクライナも台湾もインドもインドネシアも、その他の多くの国が、国の命運をかけた選挙を迎えます。

韓国も日本もその例外ではありません。

そんな年明けに発行される本書が、自らの生き残りを考える両国民の間で、賛否両論の議論を呼び起こし、自分たちにとって正しい政権を選ぶ際の参考になれば、展望社としてこれ以上の喜びはありません。

２０２４年１月吉日

展望社編集部

## 著者略歴

李 洛淵（Lee nak-yon、イ ナギョン）
1952 年 12 月、韓国全羅南道霊光郡生まれ。
ソウル大学法学部卒業後、東亜日報記者（1979 ～ 2000）。この間に日本特派員、国際部長、南北関係および国際問題などを担当。
国会議員、全羅南道知事（2014 ～ 2017）、国務総理（2017 ～ 2020）歴任。
2022 年 6 月から約 1 年間、米国ジョージワシントン大学にて韓半島の平和と米中戦略競争について研究

**世界平和に貢献する韓日協力**
**―李洛淵の構想―**

2024 年 2 月 20 日　第 1 刷発行

著／李 洛淵
発行人／唐澤明義
発行所／株式会社展望社
〒 112-0002　東京都文京区小石川 3-1-7 エコービル 202
TEL：03-3814-1997 FAX：03-3814-3063
http://tembo-books.jp
印刷：株式会社ディグ

ISBN 978-4-88546-440-9 定価はカバーに表記